教育服务贸易精要

JIAOYU FUWU MAOYI JINGYAO

朱兴德 ◎ 编著

北京理工大学出版社
BEIJING INSTITUTE OF TECHNOLOGY PRESS

版权专有　侵权必究

图书在版编目（CIP）数据

教育服务贸易精要 / 朱兴德编著. -- 北京：北京理工大学出版社，2024.11.
ISBN 978 – 7 – 5763 – 3620 – 7

Ⅰ.G52
中国国家版本馆 CIP 数据核字第 2024ZN5831 号

责任编辑：封　雪　　文案编辑：毛慧佳
责任校对：刘亚男　　责任印制：李志强

出版发行	/ 北京理工大学出版社有限责任公司
社　　址	/ 北京市丰台区四合庄路 6 号
邮　　编	/ 100070
电　　话	/ （010）68944439（学术售后服务热线）
网　　址	/ http://www.bitpress.com.cn

版 印 次	/ 2024 年 11 月第 1 版第 1 次印刷
印　　刷	/ 廊坊市印艺阁数字科技有限公司
开　　本	/ 710 mm × 1000 mm　1/16
印　　张	/ 14.5
字　　数	/ 224 千字
定　　价	/ 78.00 元

图书出现印装质量问题，请拨打售后服务热线，负责调换

前言

我国于2001年正式加入世界贸易组织,且在加入承诺中首次引入"教育服务"的概念,并明确承诺开放教育服务市场。从此,教育服务、教育服务贸易等成为教育系统的"新概念"。

加入世界贸易组织不仅标志着我国正式成为全球经济体系中的重要一员,也标志着我国从此走上开放发展常态化通道。此后,我国积极参与经济全球化进程,参与全球贸易自由化和投资便利化谈判,积极布局构建自由贸易网络,对外谈判签署了一系列自由贸易协定,对内勾画布局了一系列自由贸易试验区。在一众协定和方案中,教育服务每每成为重要议题,但常常被淹没在动辄上万页的文本海洋中。

长期以来,教育系统同人既苦于无法按教育工作思维正常理解自由贸易框架下的教育开放发展,又苦于无暇从贸易协定文本海洋中及时捞取教育服务内容。因此对教育服务及教育服务贸易始终感觉既熟悉又陌生。

近年来,随着我国服务业加快对外开放步伐,服务贸易视域下的教育对外开放工作变得日益重要。习近平主席多次明确提出要扩大教育对外开放。比如,他在2018年11月5日首届中国国际进口博览会开幕式主旨演讲中明确提出:"加快电信、教育、医疗、文化等领域开放进程,特别是外国投资者关注、国内市场缺口较大的教育、医疗等领域也将放宽外资股比限制"[①]。

---

① 习近平在首届中国国际进口博览会开幕式上的主旨演讲
"共建创新包容的开放型世界经济",2018年11月5日,https://www.12371.cn/2018/11/05/ARTI1541394181986723.shtml

另外，在 2019 年 3 月 20 日会见美国哈佛大学校长巴科时，习近平主席再次明确提出：："我们将扩大教育对外开放，加强同世界各国的交流互鉴，共同推动教育事业发展"①。

编著者自我国加入世界贸易组织谈判后期开始关注教育服务贸易，大约在 2000 年年初。此后数十年，编著者坚持跟踪研究，并受有关部门委托不定期开展面向全国教育外事干部的相关培训工作。本书即是在编著者长期跟踪研究和历次教育干部培训讲座的基础上编纂完成的。

本书的主要阅读对象为教育行政人员、教育服务从业人员、教育机构管理人员和有志于教育服务贸易的青年学生、研究人员和投资人员。谨期望本书能免去您在贸易协定文本海洋中的翻阅之苦，亦能助力更多同人借此开展更进一步的研究，还能帮助大家积极探索利用全球教育市场要素和发展机会，掌握全球市场的情况。

由于编著者水平有限，书中的疏漏之处在所难免，恳请广大读者不吝赐教。

编著者
2024 年 10 月于沪

---

① 新闻稿，习近平会见美国哈佛大学校长巴科，2019 - 03 - 20，新华社，http://www.xinhuanet.com/politics/2019 - 03/20/c_1124260898.htm

目 录

一、概念篇 …………………………………………………………（1）

第1问：什么是教育服务贸易？……………………………………（1）
第2问：什么是教育服务？…………………………………………（1）
第3问：什么是政府的教育职能？…………………………………（2）
第4问：如何理解教育服务贸易与政府教育职能的关系？………（2）
第5问：教育服务按什么标准分类？………………………………（3）
第6问：教育服务包含哪些具体领域？……………………………（3）
第7问：教育服务分类标准有无更新变化？………………………（5）
第8问：CPC（临时）与CPC2.0教育服务分类有哪些区别？……（5）
第9问：教育服务贸易包括哪些形式？……………………………（6）
第10问：什么是跨境交付？…………………………………………（7）
第11问：什么是境外消费？…………………………………………（7）
第12问：什么是商业存在？…………………………………………（7）
第13问：什么是自然人移动/流动？…………………………………（8）
第14问：什么是WTO？………………………………………………（8）
第15问：什么是GATS？………………………………………………（9）
第16问：什么是FTA？………………………………………………（10）
第17问：WTO与FTA有什么区别和联系？…………………………（10）

第 18 问：什么是自由贸易试验区？……………………（10）
第 19 问：什么是中国 FTA 战略？……………………（11）
第 20 问：我国 FTZ 与 FTA 的关系是什么？……………（11）
第 21 问：什么是教育国际化？…………………………（11）

二、规则篇 …………………………………………（13）

第 22 问：WTO 的基本原则包括什么？…………………（13）
第 23 问：什么是最惠国待遇原则？……………………（13）
第 24 问：什么是国民待遇原则？………………………（14）
第 25 问：什么是准入前国民待遇？……………………（14）
第 26 问：什么是正面清单与负面清单？………………（14）
第 27 问：正面清单模式和负面清单模式孰优孰劣？……（15）
第 28 问：WTO 对服务贸易采用哪种清单管理模式？……（16）
第 29 问：WTO 关于服务贸易市场开放水平包括哪几个层次？……（16）
第 30 问：WTO 规则与国内相关法规的关系是怎样的？……（17）
第 31 问：什么是棘轮条款？……………………………（17）
第 32 问：我国加入 WTO 时关于教育服务的具体承诺有哪些？……（18）
第 33 问：我国加入 WTO 教育服务承诺的适用范围是什么？……（19）
第 34 问：如何理解我国加入 WTO 教育服务承诺方式与承诺水平？
　　　　　………………………………………………（20）
第 35 问：我国加入 WTO 教育服务承诺与教育对外开放有什么关系？
　　　　　………………………………………………（20）
第 36 问：我国为什么要承诺开放教育服务贸易？………（21）
第 37 问：教育服务贸易减让承诺是如何做出的？………（22）
第 38 问：WTO 针对发展中国家有哪些服务贸易特别措施？………（22）

三、政策法规篇 ……………………………………（23）

第 39 问：我国对中外合作办学有哪些法律规定？………（23）
第 40 问：我国对开办外籍人员子女学校有哪些管理规定？……（24）
第 41 问：我国对举办国际学校有什么规定？……………（24）

第42问：我国对招收和培养国际学生有哪些管理规定？……………（25）
第43问：我国对自费出国留学中介服务有哪些管理规定？………（25）
第44问：我国对中外合作举办教育考试有哪些管理规定？………（26）
第45问：我国对引进境外教材有哪些管理规定？…………………（26）
第46问：我国对聘用外籍教师有哪些管理规定？…………………（27）
第47问：我国对境外办学有哪些管理规定？………………………（27）
第48问：我国对举办国际教育展览有哪些管理规定？……………（27）
第49问：我国对举办孔子学院有哪些管理规定？…………………（28）
第50问：我国知识产权保护对教学科研有哪些例外规定？………（28）
第51问：我国最新发布的外商投资及市场准入负面清单有哪些
　　　　教育规定？………………………………………………（29）

四、现状篇……………………………………………………………（33）

第52问：WTO现有成员教育服务开放承诺处于什么水平？………（33）
第53问：中国教育服务承诺在WTO成员中处于什么水平？………（33）
第54问：全球教育服务贸易发展现状如何？………………………（34）
第55问：我国教育服务贸易发展现状如何？………………………（34）
第56问：WTO教育服务谈判有什么新进展？………………………（35）
第57问：WTO改革进展如何？…………………………………………（36）
第58问：全球FTA发展及谈判进展如何？…………………………（38）
第59问：中国迄今为止签署了哪些自由贸易协定？………………（39）
第60问：中国在FTA建设中教育服务谈判取得了哪些进展？……（39）
第61问：中国—澳大利亚FTA相互做出了哪些教育服务承诺？…（40）
第62问：中国—新西兰FTA相互做出了哪些教育服务承诺？……（42）
第63问：中国—东盟FTA相互做出了哪些教育服务承诺？………（43）
第64问：中国—韩国FTA相互做出了哪些教育服务承诺？………（48）
第65问：中国—智利FTA相互做出了哪些教育服务承诺？………（50）
第66问：中国—秘鲁FTA相互做出了哪些教育服务承诺？………（51）
第67问：中国—哥斯达黎加FTA相互做出了哪些教育服务承诺？
　　　　………………………………………………………………（53）
第68问：中国—瑞士FTA相互做出了哪些教育服务承诺？………（54）

第69问：中国—冰岛 FAT 相互做出了哪些教育服务承诺？……………（55）
第70问：中国—格鲁吉亚 FTA 相互做出了哪些教育服务承诺？……（55）
第71问：中国—巴基斯坦 FTA 相互做出了哪些教育服务承诺？……（56）
第72问：中国—柬埔寨 FTA 相互做出了哪些教育服务承诺？………（57）
第73问：中国—尼加拉瓜 FTA 相互做出了哪些教育服务承诺？……（58）
第74问：中国—RCEP 成员相互做出了哪些教育服务承诺？…………（60）
第75问：内地—港澳 CEPA 相互做出了哪些教育服务承诺？…………（72）
第76问：截至2023年12月，中国已设立哪些 FTZ？………………（74）
第77问：我国 FTZ 目前有哪些教育开放举措？……………………（83）
第78问：中国（上海）FTZ 具体有哪些教育开放举措？……………（85）
第79问：中国（广东）FTZ 具体有哪些教育开放举措？……………（86）
第80问：中国（天津）FTZ 具体有哪些教育开放举措？……………（87）
第81问：中国（福建）FTZ 具体有哪些教育开放举措？……………（87）
第82问：中国（辽宁）FTZ 具体有哪些教育开放举措？……………（88）
第83问：中国（浙江）FTZ 具体有哪些教育开放举措？……………（88）
第84问：中国（河南）FTZ 具体有哪些教育开放举措？……………（89）
第85问：中国（湖北）FTZ 具体有哪些教育开放举措？……………（89）
第86问：中国（重庆）FTZ 具体有哪些教育开放举措？……………（90）
第87问：中国（四川）FTZ 具体有哪些教育开放举措？……………（90）
第88问：中国（陕西）FTZ 具体有哪些教育开放举措？……………（91）
第89问：中国（海南）FTZ/自贸港具体有哪些教育开放举措？
…………………………………………………………………………（92）
第90问：中国（山东）FTZ 具体有哪些教育开放举措？……………（93）
第91问：中国（江苏）FTZ 具体有哪些教育开放举措？……………（93）
第92问：中国（广西）FTZ 具体有哪些教育开放举措？……………（94）
第93问：中国（河北）FTZ 具体有哪些教育开放举措？……………（94）
第94问：中国（云南）FTZ 具体有哪些教育开放举措？……………（94）
第95问：中国（黑龙江）FTZ 具体有哪些教育开放举措？…………（94）
第96问：中国（北京）FTZ 具体有哪些教育开放举措？……………（95）
第97问：中国（湖南）FTZ 具体有哪些教育开放举措？……………（96）
第98问：中国（安徽）FTZ 具体有哪些教育开放举措？……………（96）
第99问：中国（新疆）FTZ 具体有哪些教育开放举措？……………（96）

五、比较篇 ··· (98)

第100问：迄今为止，WTO中有哪些成员做出了教育服务开放承诺？ ··· (98)

第101问：欧盟教育服务开放承诺和主要政策有哪些？ ········· (99)

第102问：美国教育服务开放承诺和主要政策有哪些？ ········· (100)

第103问：澳大利亚教育服务开放承诺和主要政策有哪些？ ···· (101)

第104问：新西兰教育服务开放承诺和主要政策有哪些？ ······· (103)

第105问：日本教育服务开放承诺和主要政策有哪些？ ········· (103)

第106问：泰国教育服务开放承诺和主要政策有哪些？ ········· (104)

第107问：越南教育服务开放承诺和主要政策有哪些？ ········· (105)

第108问：老挝教育服务开放承诺和主要政策有哪些？ ········· (106)

第109问：墨西哥教育服务开放承诺和主要政策有哪些？ ······· (108)

第110问：巴拿马教育服务开放承诺和主要政策有哪些？ ······· (109)

第111问：沙特阿拉伯教育服务开放承诺和主要政策有哪些？ ·· (110)

第112问：土耳其教育服务开放承诺和主要政策有哪些？ ······· (111)

第113问：阿曼教育服务开放承诺和主要政策有哪些？ ········· (112)

第114问：约旦教育服务开放承诺和主要政策有哪些？ ········· (112)

第115问：也门教育服务开放承诺和主要政策有哪些？ ········· (113)

第116问：利比亚教育服务开放承诺和主要政策有哪些？ ······· (114)

第117问：阿富汗教育服务开放承诺和主要政策有哪些？ ······· (115)

第118问：俄罗斯教育服务开放承诺和主要政策有哪些？ ······· (116)

第119问：哈萨克斯坦教育服务开放承诺和主要政策有哪些？ ·· (118)

第120问：塔吉克斯坦教育服务开放承诺和主要政策有哪些？ ·· (119)

第121问：吉尔吉斯斯坦教育服务开放承诺和主要政策有哪些？ ··· (121)

第122问：乌克兰教育服务开放承诺和主要政策有哪些？ ······· (122)

第123问：格鲁吉亚教育服务开放承诺和主要政策有哪些？ ···· (123)

第124问：摩尔多瓦教育服务开放承诺和主要政策有哪些？ ···· (124)

第125问：黑山教育服务开放承诺和主要政策有哪些？ ········· (125)

第126问：塞舌尔教育服务开放承诺和主要政策有哪些？ ······· (126)

第127问：瓦努阿图教育服务开放承诺和主要政策有哪些？ ···· (127)

第128问：汤加教育服务开放承诺和主要政策有哪些？……………(129)
第129问：哥斯达黎加教育服务开放承诺和主要政策有哪些？……(130)
第130问：牙买加教育服务开放承诺和主要政策有哪些？…………(131)
第131问：刚果（金）教育服务开放承诺和主要政策有哪些？……(132)
第132问：冈比亚教育服务开放承诺和主要政策有哪些？…………(133)
第133问：加纳教育服务开放承诺和主要政策有哪些？……………(133)
第134问：莱索托教育服务开放承诺和主要政策有哪些？…………(133)
第135问：马里教育服务开放承诺和主要政策有哪些？……………(134)
第136问：卢旺达教育服务开放承诺和主要政策有哪些？…………(135)
第137问：塞拉利昂教育服务开放承诺和主要政策有哪些？………(135)
第138问：尼泊尔教育服务开放承诺和主要政策有哪些？…………(136)
第139问：挪威教育服务开放承诺和主要政策有哪些？……………(136)
第140问：瑞士教育服务开放承诺和主要政策有哪些？……………(137)
第141问：阿尔巴尼亚教育服务开放承诺和主要政策有哪些？……(138)
第142问：匈牙利教育服务开放承诺和主要政策有哪些？…………(139)
第143问：波兰教育服务开放承诺和主要政策有哪些？……………(140)
第144问：捷克教育服务开放承诺和主要政策有哪些？……………(141)
第145问：斯洛伐克教育服务开放承诺和主要政策有哪些？………(141)
第146问：保加利亚教育服务开放承诺和主要政策有哪些？………(142)
第147问：奥地利教育服务开放承诺和主要政策有哪些？…………(143)
第148问：中国台北教育服务开放承诺和主要政策有哪些？………(143)

六、趋势篇 …………………………………………………………(145)

第149问：WTO改革前景如何？……………………………………(145)
第150问：区域经贸合作前景如何？…………………………………(146)
第151问：国际贸易新规则进展及趋势如何？………………………(147)
第152问：我国FTA建设前景如何？…………………………………(148)
第153问：中国申请加入CPTPP前景如何？…………………………(149)
第154问：中国申请加入数字经济伙伴关系协定前景如何？………(150)
第155问：中国—欧盟全面投资协定前景如何？……………………(150)
第156问：我国FTZ建设前景如何？…………………………………(151)

第157问：教育服务贸易发展前景如何？ …………………… （151）
第158问：教育服务贸易有哪些创新趋势？ …………………… （152）
第159问：教育服务贸易会成为我国教育对外开放的主渠道吗？
　　　　…………………………………………………………… （152）
第160问：逆全球化潮流会给教育服务贸易带来哪些影响？ …… （153）
第161问：教育国际化前景趋势如何？ ………………………… （153）

附录 …………………………………………………………………… （155）
　1. 服务贸易总协定 …………………………………………… （155）
　2. General agreement on trade in services ………………… （181）

一、概念篇

☆ 第1问：什么是教育服务贸易？

答： 教育服务贸易（Trade in Educational Services）是以货币为媒介的一切教育服务的市场交换活动的总称。贸易就是交易，即买卖。教育服务贸易的本质是市场交易行为，交易的标的是教育服务。教育服务贸易总体上属于无形贸易，具体有国内贸易和国际贸易之分，本书主要指国际贸易。讨论国际贸易最主要的平台是世界贸易组织（World Trade Organization，WTO），教育服务贸易是世界贸易组织框架下的专业术语，具有特定含义。

☆ 第2问：什么是教育服务？

答： 教育服务与通常所讲的教育并不完全相同。作为教育服务贸易市场交易标的，WTO框架下的教育服务具有特定含义和具体边界。这个边界就是服务贸易总协定（General Agreement on Trade in Services，GATS）中关于"服务"的明确界定。在GATS的第1条第3款，关于"服务"的界定是这样的："就本协定而言，'服务'包括除政府当局为履行其职能所提供的服务之外的所有部门的一切服务。"也就是说,教育服务贸易交易标的是有局限性的,政府当局为履行其职能所提供的教育服务并不属于市场交易标的,不在教育服务贸易讨论范畴内。目前,关于教育服务贸易的讨论,主要局限于政府教育职能之外的私人教育服务领域。

✪ 第3问:什么是政府的教育职能?

答:政府的教育职能是政府职能的有机组成部分,是国家管理机关依法应承担的职责和所具有的功能。衡量政府教育职能的主要标准是有没有使用政府公共财政资金。如果使用政府公共财政资金,就属于政府职能;如果没有使用政府公共财政资金,就属于私人教育服务。政府为履行其职能提供的教育服务属于公共产品,具有非竞争性、非排他性和非商业性的特点,列入政府职能的教育服务被排除在教育服务贸易之外。政府的教育职能属于国家内政主权范畴。根据联合国宣言,国家主权高度独立且不受干涉。各个国家关于政府的教育职能没有统一标准,具体包括哪些领域、哪些项目,由各国政府根据国情自主决定。例如,芬兰、挪威和瑞典的初等、中等和高等教育完全依赖公共财政资金,而在土耳其25%的费用由私人承担;比利时、爱尔兰和卢森堡的学前教育经费完全来自公共财政资金,而日本一半以上的学前教育经费来自私人资金;奥地利、芬兰、冰岛、卢森堡和挪威的高等教育私人资金所占份额不到8%,而智利、日本、英国和美国的高等教育私人资金所占份额占总支出的64%及以上。

✪ 第4问:如何理解教育服务贸易与政府教育职能的关系?

答:根据GATS中对于"服务"的界定,教育服务贸易和政府教育职能是不兼容的,二者之间具有清晰的边界。教育服务贸易的发展机会和生存空间只能到政府教育职能之外寻找。作为贸易标的的教育服务是商业性质的,具有非政府职能和非公益性特点,是市场导向和贸易导向的,而且涵盖的范围相当广泛。政府为履行其职能而提供的教育服务是公益性的,不具有商业性质,不存在市场竞争。关于政府为履行职能而提供的教育服务，在一些国家是整体性的，即某类服务整体上属于政府的职能范畴；在大部分国家则是部分性的，即某类服务中的某些领域属于政府职能范畴。无论何种形式的政府职能，都不属于教育服务贸易的范畴。由于各国关于政府职能的标准不同，市场发展水平参差不齐，所以各国关于教育服务贸易的承诺情况各不相同。具体哪些服务项目、哪些服务领域属于政府职能，哪些属于教育服务贸易范畴，决定权及主导权在各国政府。教育服务贸易和政府教育职能的边界是明确的，但并不是一成不变的，边界的变化取决于政府的改革立场。如果政府加强某一教育领域的政府职能，相应地该领域的教育服务贸易机会就会减少；反之亦然。

在教育服务贸易国际谈判中，主要关注的是私人教育服务市场的对外开放机会，属于市场权益的让渡。国际贸易谈判并不讨论政府的教育职能，但常常通过开放承诺推动政府教育职能改革让渡。所以说改革和开放是密不可分的。各国对外承诺的教育服务贸易项目，至少就是该国所认定的政府职能之外的教育服务项目，一旦列入就被视为具有商业性质，是非公益性的，就应根据相关规则和承诺允许商业经营和市场竞争。各国对外承诺的教育服务项目，总体上反映了该国内部教育服务市场的结构，但更重要的是反映了该国未来的发展方向。在具体谈判中，就哪些教育服务项目可以做出公开承诺，各国都表现得相当谨慎。

✪ 第 5 问：教育服务按什么标准分类？

答：在 WTO 框架下，人们基于联合国 1991 年版《中心产品分类 CPC（临时）》，对教育服务进行了分类，具体为 5 大类，包括 A. 初等教育服务、B. 中等教育服务、C. 高等教育服务、D. 成人教育和 E. 其他教育服务。WTO 各成员围绕上述分类标准进行教育服务贸易谈判，并做出相应的承诺。

✪ 第 6 问：教育服务包含哪些具体领域？

答：根据《中心产品分类 CPC（临时）》，编者对各类教育服务的编码、定义和具体范围等均做出了详细规定，见表 1-1。

表1-1 各类教育服务的详细规定

部门类别	CPC（临时）	在《中心产品分类CPC（临时）》中的定义和具体范围
A. 初等教育服务	921	学前教育服务（9211）：小学学前教育服务。通常由托儿所、幼儿园或小学附属机构提供，主要目的是使儿童适应学校环境。不包括儿童日间看护，儿童日间看护划归社会服务支持类CPC93321。 其他初等教育服务（9219）：其他第一阶段的初等教育服务。目的是为学生提供不同学科的基本知识，特点是专业知识较少，不包括成人扫盲课程服务。成人扫盲课程服务划归成人教育服务支类CPC92400
B. 中等教育服务	922	普通中等教育服务（9221）：普通初级中学教育服务。继续初等教育阶段的基础课程，但学科更明确，并且开始教授专业知识。 高级中等教育服务（9222）：普通高级中学教育服务的课程包括更多学科且更专业。开设目的是使学生具备接受技术和职业教育，或大学教育的资格，但不针对具体学科。 中等技术和职业教育服务（9223）：大学层次以下的技术和职业教育服务。课程强调学科内容的专业化，强调理论和实践技能的传授，通常适用于专门职业。 为残障学生提供的中等技术和职业学校教育服务（9224）：专门针对残障学生、适应他们需要的中等技术和职业教育（大学以下）
C. 高等教育服务	923	中等后技术和职业教育服务（9231）：中等后副学位技术和职业教育服务。包括各种不同的学科课程。在强调实践技能传授的同时，也教授相当的理论知识。 其他高等教育服务（9239）：使学生获得大学学位或相等学历的教育服务。由大学或专科学校提供。课程不仅强调理论的教授，而且培训学生为将来的就业做好准备
D. 成人教育	924	成人教育服务①：为了不在普通学校或大学系统的成人提供的教育服务。由学校的日间或夜间课程以及专门的成人教育机构提供，包括广播、电视或函授等形式，涵盖普通和职业学科（成人扫盲也包括在内）。不包括在普通教育体系中提供的高等教育服务，该部分划归支类CPC92310（中等后技术和职业教育服务）或CPC92390（其他高等教育服务）
E. 其他教育服务	929	其他教育服务：一级和二级教育中不易归类的特别科目和无法按级别定义的其他教育服务，不包括与娱乐业有关的教育服务。与娱乐业有关的教育服务划归体育服务CPC9641。家庭教师提供的服务划归家庭雇佣服务支类CPC98000

①CPC1.0对成人教育和其他教育服务未做出更进一步的划分。

一、概念篇

✪ 第7问：教育服务分类标准有无更新变化？

答：为适应经济社会发展变化，《中心产品分类（CPC）》已经多次修订。在每次修订中，关于教育服务的分类都会有一些新的改进。例如，在2008年公布的CPC2.0修订版中，参考联合国教科文组织国际教育分类标准（ISCED），进一步将教育服务细分为学前教育服务（921）、初等教育服务（922）、中等教育服务（923）、高中后非高等教育服务（924）、高等教育服务（925）、其他教育与培训服务以及教育辅助服务（929）六个具体部门，出现了较大的变化。但是，截至目前，国际贸易谈判中的教育服务分类标准并没有变化，仍然参照联合国1991年版《中心产品分类CPC（临时）》，仍然基于CPC（临时）标准讨价还价。至于今后的谈判是否会采纳新的CPC标准，需要大家密切关注。

✪ 第8问：CPC（临时）与CPC2.0教育服务分类有哪些区别？

答：与CPC（临时）相比，CPC2.0对教育服务的划分更加详细，更能较准确地反映教育服务发展的实际状况（表1-2）。比如，在"其他教育和培训服务及教育支持服务"部分，CPC2.0将"其他教育和培训服务"进一步细分为文化教育服务、体育与休闲教育服务，以及其他未列明教育和培训服务。其中，文化教育服务主要指市场上一系列艺术教学服务，体育与休闲教育服务包括市场上各种体育和健身教学，驾驶培训、计算机培训和管理培训等则归入其他未列明教育和培训服务。另外，又将教育咨询、教育指导、教育考试、教育评价、学生交流项目管理等非教学服务划分为"教育辅助服务"。

表1-2 CPC（临时）与CPC2.0教育服务分类比较

CPC（临时）	类别名称	CPC2.0	类别名称
921	初等教育服务	921	学前教育
9211	学前教育服务	922	初等教育

续表

CPC (临时)	类别名称	CPC2.0	类别名称
9219	其他初等教育服务	923	中等教育
922	中等教育服务	9231	初级普通中等教育
9221	普通中等教育服务	9232	初级职业技术中等教育服务
9222	高级中等教育服务	9233	高级普通中等教育服务
9223	职业技术中等教育服务	9234	高级职业技术中等教育服务
9224	残障儿童职业技术中等学校教育服务	924	高中后非高等教育服务
923	高等教育服务	9241	高中后普通非高等教育服务
9231	高中后职业技术教育服务	9242	高中后职业技术非高等教育服务
9239	其他高等教育服务	925	高等教育服务
924	成人教育服务	9251	第一级高等教育服务
929	其他教育服务	9252	第二级高等教育服务
		929	其他教育和培训服务及教育辅助服务
		9291	其他教育和培训服务
		92911	文化教育服务
		92912	体育与休闲教育服务
		92919	其他未列明教育和培训服务
		9292	教育辅助服务

✪ 第9问：教育服务贸易包括哪些形式？

答：根据 GATS 第 1 条第 2 款的界定，服务贸易有 4 种形式，这 4 种形式均适用于教育服务贸易。具体如下：自一成员境内向任何其他成员境内提供服务；在一成员境内向任何其他成员的服务消费者提供服务；一成员的服务提供者通过在任何其他成员境内的商业实体提供服务；一成员的服务提供者通过在任何其他成员境内的自然人存在提供服务。也就是人们通常所提的跨境交付（Cross – border Supply，模式 1）、境外消费（Consumption Abroad，模式 2）、商业存在（Commercial Presence，模式 3）和自然人移动/流动（Presence of Natural Persons，模式 4）。

✪ 第 10 问：什么是跨境交付？

答：跨境交付是教育服务贸易的第一种贸易形式，亦称模式 1。具体指跨境远距离教育，如跨境网络教育、跨境函授、商业特许、教材与课程版税、跨境教育咨询等。一成员内部的远距离教育不属于跨境交付的教育服务贸易。跨境交付的特点是教育服务提供者和服务消费者分别处于不同的国家，并没有直接接触，只是服务本身发生了跨境移动。

✪ 第 11 问：什么是境外消费？

答：境外消费是教育服务贸易第二种贸易形式，亦称模式 2。具体指出国留学教育、访问学者、境外培训，以及教育展览、境外与留学有关的代理服务等。其特点是教育服务消费者必须进入服务提供国，而服务生产者并不移动。境外消费是现阶段教育服务贸易的主要形式，也是各国给出的限制性措施最少的贸易形式。

✪ 第 12 问：什么是商业存在？

答：商业存在是教育服务贸易的第三种贸易形式，亦称模式 3。具体指通过在目标成员方境内设立教育服务实体、设立分支机构、与当地教育机构结对子、给当地教育机构授权、设立合作服务项目等方式提供教育服务。其特点是教育服务主体跨越国界在境外落地生根，教育服务的主要流程在境外当地展开，商业存在常与对外投资（直接投资或知识产权投资）直接联系在一起。商业存在类的教育服务贸易近年来总体上呈快速发展态势。我国开展的中外合作办学，总体上属于境外教育机构在中国境内的商业存在。我国教育机构开展的境外办学活动在总体上属于其在境外的商业存在。

教育服务贸易精要

⭐第13问：什么是自然人移动/流动？

答：自然人移动/流动（Presence of Natural Persons）是教育服务贸易的第四种贸易形式，亦称模式4，具体指教师和培训师赴境外授课、讲学，提供服务。其特点是自然人跨境移动进入别国境内提供教育服务。成员间关于自然人移动/流动有许多限制性条款，大多以自然人与当地教育机构签署服务合同为基础。

⭐第14问：什么是WTO？

答：WTO是世界贸易组织（World Trade Organization）的英文简称，是一个独立于联合国的永久性国际组织，成立于1995年1月1日，前身为《关税与贸易总协定》（GATT）。WTO是以贸易规则体系为基础，处理国与国之间贸易规则、争端的开放型国际组织，其基本宗旨是通过实施市场开放、非歧视和公平贸易等原则，实现世界贸易自由化。WTO与世界银行、国际货币基金组织并称为当今世界经济体制的"三大支柱"。WTO总部设在瑞士日内瓦，有"经济联合国"之称。截至2023年12月，WTO共有164位成员和25位观察员。WTO第164位成员是阿富汗，于2016年7月29日加入。WTO界定成员的标准是独立经济关税区，这些成员被称为"经济体"，不存在"成员国"概念。比如，我国的台湾省和香港特别行政区、澳门特别行政区分别作为独立经济关税区加入WTO，是WTO的正式成员。

WTO的核心是其所管理的一整套多边贸易规则，而这套规则在总体上由一份成立协定、三大支柱和三大运行机制构成，即马拉喀什建立世界贸易组织协定、货物贸易多边协议（即关税与贸易总协定）、服务贸易总协定（GATS）、与贸易有关的知识产权协议（TRIPS）、多边贸易谈判机制、争端解决机制（DSU）和贸易政策审议机制（TPRM）。具体包括正式的协定文本、附件、谅解备忘录、宣言、部长会议决定和各成员方具体承诺减让表等一系列文件，内容相当庞杂。WTO一系列贸易协定和条约协议的根本目的是减少国际贸易障碍，增加国际贸易便利，推动国际贸易自由化。WTO奉行协商一致原则，重大决策需要全体成员一致通过才能生效。这种完全民主化的决策机制成为人们诟病 WTO 效率低下的重要原因之一。

为提高成员贸易政策透明度,监督各成员遵守贸易承诺,WTO 建立了贸易政策审议机制,定期对各成员贸易政策措施进行集体审议和评估。其中,对贸易额排名前 4 位的欧盟、美国、日本和中国每两年进行一次审议,对贸易额排名第 5~20 位的成员每 4 年审议一次,其他成员每 6 年审议一次。

为解决全球贸易争端,WTO 创设了争端解决机制及其上诉机构,确立具有国际法强制执行效力的裁决机制,因此被称为带"牙齿"的国际组织。争端解决机制是多边贸易体制的中心支柱,也是 WTO 对全球经济稳定的独特贡献。当贸易争端发生时,争端解决机构通过成立专家组,形成专家报告进行裁决,授权实施报复。如果任何一方对专家组报告有异议,可向争端解决机构常设上诉机构进行上诉。上诉机构可以维持、修改或撤销专家组的法律调查结果和结论,上诉机构报告一经争端解决机构通过,争端各方就必须无条件接受。

★ 第 15 问:什么是 GATS?

答:GATS 是服务贸易总协定(General Agreement on Trade in Services)的英文简称,是面向所有服务贸易领域的基础性规则,是乌拉圭回合谈判(1986—1994 年)的一个重要成果。服务贸易协议是 WTO 规则体系的第二大支柱,具体包括服务贸易总协定、附件、部长会议决定、各成员具体承诺与减让表、各成员关于最惠国待遇例外清单等。服务贸易协议主要负责协调国际服务贸易,于 1995 年 1 月 1 日正式生效。GATS 对服务贸易的基本行为规则做出了初步规定,如最惠国待遇原则和国民待遇原则、透明度原则、市场准入纪律、服务提供者从业资格和许可的相互承认、国际支付和国内政策、垄断和专营、政府补贴等,其主要指导思想是提高国际服务贸易的自由化水平。

GATS 并没有专门的"教育服务"条款,作为面向所有服务贸易的基础性规则,适用于所有服务部门,且所有条款均适用于教育服务贸易,是讨论教育服务贸易时必须遵守的基础性规则。

✪ 第16问：什么是FTA？

答：FTA是自由贸易协定（Free Trade Agreement）或自由贸易区（Free Trade Area）的英文简称。根据相关规定，成员间可以在WTO规则的基础上自行磋商达成具有更广范围、更高开放水平的区域贸易协定（RTA），包括各种形式的自由贸易协定（FTA）、优惠贸易协定（PTA）和关税同盟协定（CUA）等，这些更高开放水平的区域贸易协定并不违背WTO的最惠国待遇原则。成员间通过自由贸易协定建成的贸易区，就是自由贸易区。如北美自由贸易区（NAFTA）、东盟自由贸易区（AFTA）、中国东盟自由贸易区（CAFTA）等。在诸多FTA中，教育服务贸易是重要领域之一。

✪ 第17问：WTO与FTA有什么区别和联系？

答：WTO属于多边贸易组织，其中的相关规则属于多边贸易规则。FTA属于双边或诸边经济贸易协定，属于诸边或双边经济贸易联盟，FTA是RTA的主要形式。FTA条款在广度、深度及自由化程度等方面都超越了WTO。就经济主体而言，WTO拥有更多成员，而且是开放性的；FTA则局限于部分成员之间，而且是封闭性的。就议题范围而言，WTO主要聚焦国际贸易，而FTA议题通常超出贸易范畴，涵盖投资、汇率、环境保护、人权等更广泛领域。就开放水平而言，FTA在WTO的规则基础上就某些难点问题向上做进一步的突破，成员间做出更高水平的相互开放和互惠安排。

✪ 第18问：什么是自由贸易试验区？

答：自由贸易试验区（Free Trade Zone，FTZ）与自由贸易区（FTA）是两个不同概念。FTA是不同国家或经济体之间通过谈判而达成的贸易开放、取消关税壁垒、降低关税等互惠互利的双边或诸边贸易政策安排。FTZ则是一国或经济体为降低国际贸易成本，促进对外贸易和国际投资发展，在自己境内的某特定区域实施海关保税、免税等特殊监管政策，自主实施比其他地区更加开放的特殊政策。与FTA一样，在FTZ实施比WTO承诺更高水平、更加灵活的开放措施。是否设立自由贸易试验区、在自由贸易试

一、概念篇

验区开展哪些贸易活动、如何开展教育服务贸易等，是各国的内政主权，体现了相关国家国际贸易政策改革方向。

第 19 问：什么是中国 FTA 战略？

答：党的十八大报告首次提出加快实施自由贸易区战略，党的十八届三中、五中全会进一步要求以周边为基础加快实施自由贸易区战略，形成面向全球的高标准自由贸易区网络。2015 年，国务院发布《关于加快实施自由贸易区战略的若干意见》，提出通过自由贸易区扩大开放，提高开放水平和质量，深度参与国际规则制定，拓展开放型经济新空间，形成全方位开放新格局，开创高水平开放新局面，促进全面深化改革，更好地服务国内发展。全方位参与自由贸易区等各种区域贸易安排合作，重点加快与周边、"一带一路"沿线以及产能合作重点国家、地区和区域经济集团商建自由贸易区。自由贸易区建设聚焦高水平，重点布局三个方向：加快构建周边自由贸易区；积极推进"一带一路"沿线自由贸易区；逐步形成全球自由贸易区网络。

第 20 问：我国 FTZ 与 FTA 的关系是什么？

答：建设 FTZ 是我国加快实施自由贸易区战略的重要组成部分。在全国范围内选择部分具有典型意义地区，以 FTZ 的形式主动对标国际先进贸易规则，进行压力测试，积累防控和化解风险，探索最佳开放模式，为对外 FTA 谈判提供实践依据，为推动更大范围、更高水平开放发展探索积累经验。同时，FTZ 主动适应经济发展新趋势和国际经贸规则新变化，大胆创新，先行先试，全方位探索我国新时代改革开放新高地和经济创新发展新机制与新模式。

第 21 问：什么是教育国际化？

答：讨论教育服务贸易时离不开教育国际化问题。何谓教育国际化？从根本上讲，就是教育发展要素跨境配置和教育教学过程跨境重构的过程，这是一个双向的、跨境的、跨界的、多主体共同参与且共同推进的过程。

实现这一过程需要两个基本前提：一个是各国间教育市场相互开放；另一个是不同教育体系之间资格相互承认。这两个基本前提缺一不可，否则教育要素无法持久地跨境流动，没有教育要素的跨境流动，教育教学过程的跨境重构亦无从谈起[①]。

教育国际化作为一个持续的过程，有主动国际化与被动国际化之分。主动国际化意味着根据自身的主观意愿，积极主动参与、推动国际化进程，并从中获取理想收益。被动国际化则意味着被国际化浪潮卷着跑，自身利益往往难以得到保障。对于很多发展中国家来说，在很大程度上面临的是被动国际化。这是反对教育国际化的主要原因之一。

教育国际化作为教育全球化的体现，是教育发展的重要趋势。教育服务贸易与教育国际化相互促进，它既是教育国际化的重要体现，也是教育国际化的重要动力源和主要发展途径。

---

① 朱兴德. 发展教育，经略世界 [M]. 南宁：广西人民出版社，2013.

二、规则篇

◎ 第22问：WTO的基本原则包括什么？

答：WTO的基本原则包括互惠原则（也叫对等原则，权利与义务平衡）、透明度原则（可预见性和稳定性）、市场准入原则（更加开放，不可倒退）、促进公平竞争原则、经济发展原则（发展中成员特别条款）和非歧视性原则。其中，互惠原则指成员间总体权利与义务要平衡，这意味着并不是每个贸易领域都会平衡。比如教育服务贸易，各成员间的承诺减让水平并不一致。非歧视性原则包括两个方面：一个是最惠国待遇原则；另一个是国民待遇原则。

◎ 第23问：什么是最惠国待遇原则？

答：WTO规定，一成员方将在货物贸易、服务贸易和知识产权领域给予任何其他成员的优惠待遇，立即和无条件地给予其他各成员方，这就是最惠国待遇原则（Most Favored Nation Treatment，MFN），它强调的是国家间的平等待遇。最惠国待遇原则具有自动性（自动给予）、同一性（相同受惠标的）、相互性（在承担义务的同时享受权利）和普遍性等特点。

教育服务贸易精要

⭐第 24 问：什么是国民待遇原则？

答：WTO 规定，各成员方对其他成员方的产品、服务和服务提供者及知识产权所有者和持有者所提供的待遇，不低于本国同类产品、服务和服务提供者及知识产权所有者和持有者所享有的待遇。这就是国民待遇原则（National Treatment，NT），它强调的是国际贸易伙伴与当地公民的平等待遇。国民待遇原则是基于进口成员方境内待遇而言的，指其他成员方在进口成员方境内所享有的待遇。国民待遇原则是最惠国待遇原则的重要补充。最惠国待遇原则主要关注的是各成员平等的市场准入机会，国民待遇原则主要关注的是市场准入后享受的平等待遇。"不低于"意味着进口成员方给予其他成员方更高的待遇（即超国民待遇），并不违反国民待遇原则。

⭐第 25 问：什么是准入前国民待遇？

答：准入前国民待遇（Pre-establishment National Treatment，PNT）属于外商投资管理领域的专业术语。在传统国际投资法中，国民待遇含义是给予外国投资者及投资的待遇不低于在相似情形下给予本国投资者及投资的待遇，主要适用于投资建立之后的阶段。目前，欧美国家倾向将国民待遇延伸至投资准入阶段，即在企业设立、取得、扩大等阶段给予外国投资者及其投资不低于本国投资者及其投资的待遇。这就是所谓的准入前国民待遇。"准入前国民待遇+负面清单管理"被视为第三代国际投资规范的核心内涵。

⭐第 26 问：什么是正面清单与负面清单？

答：正面清单（Positive List）与负面清单（Negative List）是政府管理市场的两种不同模式。所谓正面清单模式，是指管理部门以清单列表形式明确划定那些允许进入的领域及具体条件要求。通常正面清单模式遵循"法有规定才可为"的原则，只有清单明确列示的领域才是市场可以有所作为的领域。早期的外商投资管理和国际贸易管理，主要采用正面清单模式。

负面清单与正面清单相反,是指管理部门以清单列表形式明确划定那些禁止领域和有具体限制的领域。负面清单模式遵循"法无禁止皆可为"的原则,除清单所列之外,其余所有领域对市场充分开放。负面清单模式近年兴起于欧美国家,最早用于外商投资准入管理,即投资领域的"黑名单",后来拓展到国际贸易管理。美国在20世纪80年代的双边投资协议中最早使用了负面清单模式,世界上已有70多个国家采用了这一模式。在2015年美国主导达成的TPP协议中,负面清单模式被应用到投资和跨境服务贸易领域。允许各成员以负面清单形式就国民待遇、最惠国待遇、执行要求(Performance Requirements)、高管和董事会(Senior Management and Boards of Directors)等保留一些投资管理措施;就市场准入、当地商业存在、国民待遇、最惠国待遇等保留一些跨境服务贸易管理措施。

我国于2013年启动上海自贸区建设,正式引入针对外商投资准入负面清单管理模式。国务院于2015年启动市场准入负面清单管理模式试点,并于2018年正式建立市场准入负面清单和外商投资负面清单管理制度。目前,国家发展改革委员会和商务部联合发布了三份重要的负面清单:一份是《外商投资准入特别管理措施(负面清单)》(以下简称《外商投资准入负面清单》);另一份是《市场准入负面清单》;还有一份是《自由贸易试验区外商投资准入特别管理措施(负面清单)》(以下简称《自贸试验区负面清单》)。

✪第27问:正面清单模式和负面清单模式孰优孰劣?

答: 一般认为,正面清单模式更加有利于政府部门的风险管理,因为市场的活动边界是政府部门事先厘定的,是已经明确的。但是,正面清单模式容易造成政府部门权力过大、权力滥用和寻租可能,压缩市场自由活动空间,从而不利于市场创新。负面清单模式被认为更加有利于提高市场监管的透明度、稳定性和公平性,有利于激发市场的创新积极性,对于增强外资信心,鼓励、吸引外商投资具有积极正面作用。但是,负面清单模式对于对新兴市场风险管理带来较大挑战,因为新兴市场变化太快、未知空间太多。如果说正面清单模式相当于"把企业关进了制度的笼子",那么负面清单模式正好相反,相当于"把政府关进了制度的笼子"。

✪ 第 28 问：WTO 对服务贸易采用哪种清单管理模式？

答：WTO 对服务贸易市场开放采用的是正面清单管理模式，具体体现为服务贸易承诺减让矩阵表，即要求各成员以清单列表方式对服务贸易相关部门、相关领域、相关贸易方式等开放与否进行讨价还价，并以正面清单列表方式对谈判达成的结果予以明确承诺，同时对有关市场准入和国民待遇限制条件等予以明确列示。这就是 WTO 各成员的服务贸易承诺减让表，教育服务贸易的开放情况包含在承诺减让表中。在承诺减让表中，有些成员对教育服务做出了开放承诺，有些成员并没有做出承诺。

✪ 第 29 问：WTO 关于服务贸易市场开放水平包括哪几个层次？

答：WTO 关于服务贸易市场的开放包括以下 4 个层次，按照开放水平从低到高依次为：

（1）市场禁入。具体表现为不开放某些服务部门、不递交相关部门的具体承诺减让表。

（2）不做承诺。表现为在具体承诺减让表中明确表示不做承诺，这时意味着市场是开放的，但是有关当局保留随时进行市场监管和干预的所有权利。

（3）部分承诺或有条件承诺。表现为开放某些服务部门，但是具体承诺减让表中列举若干限制性条件。

（4）完全承诺。表现为在具体承诺减让表中做出没有限制的开放承诺，这时意味着有关当局不能对相关服务采取限制性措施。通常不做承诺又有两种情况：一种情况是市场本身很不健全，不知道如何对外承诺，所以暂时不做承诺。这时市场是无规则的，只要未明确禁止的都是可以做的；另一种情况是市场现在很薄弱，甚至在某些方面仍是空白，暂时不做承诺，也不做限制，任由市场自由发展，但保留在将来适当时机采取适当措施规范市场的权利。

二、规则篇

★第30问：WTO 规则与国内相关法规的关系是怎样的？

答：WTO 规则优先于国内相关法规。WTO 的一系列规则其实质就是一套国际经济法规，具有优先于成员国内相关法规的特殊地位。各成员加入 WTO 的谈判过程其实就是修改内部法规使其符合 WTO 规则的过程，加入 WTO 后，与 WTO 规则不一致的内部法规必须清除，这也就是我国当年加入 WTO 后，大规模清理法律法规和行政性审批项目的根本原因。每个成员加入 WTO 后，一旦做出承诺，就不能够轻易修改承诺，任何比原有承诺更多限制的修改面临与每一个成员进行重新谈判的风险，否则就会受到 WTO 授权的制裁。

关于如何执行 WTO 的相关规则，各成员有两种选择：一种为直接实施，即将 WTO 的基本规则直接作为内部法规予以实施；另一种为转化实施，即首先将 WTO 的基本规则转化为内部相应的法规，然后予以实施。转化实施时必须保证将 WTO 的基本规则毫无保留地转化为内部法规的相应条款，转化实施时可以充分利用 WTO 关于发展中国家的例外条款。为了避免直接实施带来的太大冲击，我国总体上采取了转化实施的策略。

★第31问：什么是棘轮条款？

答：所谓棘轮条款，是指服务贸易谈判及承诺中的禁逆转机制条款。WTO 旨在推动逐步提高全球贸易自由化和便利化水平。为推进贸易自由化进程，WTO 规定各成员需对已做出的承诺进行"绑定"，可向着更高自由化水平改进，但是不可逆转。否则就要接受被影响成员的谈判请求并提供补偿。这就像单向转动的齿轮一样，被称为棘轮效应。2013 年，人们在由美国、欧盟和澳大利亚主导的国际服务贸易（Trade in Service Agreement, TISA）谈判中直接引入棘轮条款，明确要求各缔约方承诺从协定生效时起，不仅不得实施新的或更严格的贸易投资限制措施，而且要把各成员以单边方式自主做出的贸易投资自由化承诺纳入下一回合谈判协定中并永久受其约束。

教育服务贸易精要

★第32问：我国加入WTO时关于教育服务的具体承诺有哪些？

答：WTO于2001年接纳我国为正式成员。我国加入WTO时，对教育服务做出了开放承诺。关于教育服务的具体承诺，明确规定中华人民共和国加入议定书（以下简称"议定书"）主要体现在议定书之附件9教育服务具体承诺减让表（表2－1）中。在教育服务的具体承诺中包括开放范围、开放形式、开放内容等。教育服务承诺没有过渡期，加入当时即生效。

表2－1　中国政府加入WTO关于教育服务的具体承诺减让表

服务提供方式：1）跨境交付　2）境外消费　3）商业存在　4）自然人移动/流动

部门	市场准入限制	国民待遇限制	其他承诺
Ⅰ．水平承诺（略）			
Ⅱ．具体承诺			
5．教育服务 （不包括特殊教育服务，如军事、警察、政治和党校教育） A．初等教育服务 （CPC921，不包括CPC92190中的国家义务教育） B．中等教育服务 （CPC922，不包括CPC92210中的国家义务教育） C．高等教育服务 （CPC923） D．成人教育服务 （CPC924） E．其他教育服务 （CPC925，包括英语语言培训）	1）不做承诺。 2）没有限制。 3）将允许中外合作办学，外方可获得多数拥有权。 4）除水平承诺中的内容和下列内容外，不做承诺： 外国个人教育服务提供者受中国学校或其他教育机构邀请或雇佣，可入境提供教育服务	1）不做承诺。 2）没有限制。 3）不做承诺。 4）资格如下： 拥有学士或以上学位； 且具有相应的专业职称或证书，具有两年专业工作经验	

另外，在水平承诺中，我国政府还明确表示，教育服务用地最长期限为50年；在中国，合资企业包括股权式合资企业和契约式合资企业两种类型，其中股权式合资企业中外资比例不得少于注册资本的25%；我国允许

设立外国企业代表处,但是代表处不得从事任何营利性活动。在加入议定书之附件4"实行价格控制的产品和服务"中,将初等教育服务(CPC921)、中等教育服务(CPC922)和高等教育服务(CPC923)的"教育服务收费"列入"实行政府定价的服务"范畴等。这些相关的规定,同样适用于教育服务。

✪ 第33问:我国加入WTO教育服务承诺的适用范围是什么?

答:我国加入WTO教育服务承诺是关于教育服务贸易的承诺,并不是关于教育改革开放的承诺,需要立足于贸易角度做贸易性理解。根据GATS的相关规则,服务贸易是市场经济活动,具有商业属性和市场竞争特点,教育服务贸易属于市场交易活动而不是公益性活动。这是一个基本前提。具体而言,我国加入WTO教育服务承诺适用范围体现在下列五个不适用范围中:

(1)不包括特殊教育服务,如军事、警察、政治和党校教育。也就是承诺减让表中的具体条款不适用于军事、警察、政治和党校教育。

(2)不包括初等教育服务和中等教育服务中的国家义务教育。目前的国家义务教育包括六年制小学和三年制初中,不适用于教育服务承诺减让表具体条款。今后,国家义务教育如果向幼儿教育和高中教育延伸,则相关领域亦不适用于教育服务承诺减让表,但需要及时与WTO及有关成员沟通。

(3)不适用于公办教育体系。依据WTO相关规则,公办教育是政府职能的体现,不属于服务贸易讨论的范畴。为了体现这一原则,有些成员在具体承诺减让表中会特别明确地注明"仅限于私立教育服务部门",大部分成员则不做具体注明,但是也只限于讨论私立教育服务。由此,中国教育服务承诺减让表具体条款不适用于各级各类公有或公办教育。

(4)不适用于公益性民办教育体系。由于我国的公益性民办教育体系普遍不具有商业属性和市场竞争特点,不属于服务贸易范畴,因此加入WTO教育服务承诺亦不适用于该体系。

(5)不适用于承诺减让表之外的各种有关教育服务。由此可见,我国加入 WTO 教育服务承诺的适用范围是明确而有限的，仅适用于非公有/非公办的营利性教育服务，所有关于教育服务贸易的市场准入谈判、政策比较和政策设计，都应该限定在这一特定范畴内。在明确并遵守我国加入 WTO 教育服务承诺适用范围和边界的同时，也要看到政府通过加入 WTO 教育服务承诺推动国内相关边界内教育服务市场发展的改革意图。

⭐第 34 问：如何理解我国加入 WTO 教育服务承诺方式与承诺水平？

答：就适用范围内的教育服务具体承诺方式和水平，包括下列几个方面：

（1）跨境交付不做承诺。意即通过跨境远程教育、特许课程、姊妹课程等跨境交付形式提供的教育服务，中国政府保留所有权利。在这种情况下，并不否认通过跨境交付形式提供教育服务之现实市场的存在。

（2）境外消费不做限制。意即除国家义务教育阶段的境外学习不做限制，也意味着国家对义务教育阶段学生赴境外学习（俗称小留学生）保留所有权利。

（3）商业存在允许中外合作办学，外方可获得多数拥有权；但对国民待遇不做承诺。这意味着外国教育机构可以在中国通过中外合作办学的方式，提供教育服务，并可以获得中外合作办学的多数权益，但不可以独立办学，也不可以独立建立学校或设立分校。同时，不一定能够享受到国内机构的政策待遇。

（4）自然人移动承诺外国个人教育服务提供者在受到中国学校或其他教育机构邀请或雇佣时，入境提供教育服务。外国教育服务提供者须拥有学士或以上学位，且具有相应的专业职称或证书以及两年专业工作经验。

（5）政府对初等教育服务、中等教育服务和高等教育服务收费实施定价管理制度。

⭐第 35 问：我国加入 WTO 教育服务承诺与教育对外开放有什么关系？

答：加入 WTO 教育服务承诺是我国教育对外开放工作的一部分，但不

二、规则篇

是全部。相关部门于2009年修正的《中华人民共和国教育法》第二十五条第三款仍明确规定，"任何组织和个人不得以营利为目的举办学校及其他教育机构"，总体上依然坚持我国教育事业的公益性属性和地位。2021年，相关部门再次修正了《中华人民共和国教育法》，将原第二十五条第三款相应修改为第二十六条第四款。其中的具体修改为"以财政性经费、捐赠资产举办或者参与举办的学校及其他教育机构不得设立为营利性组织"。这意味着教育服务贸易及我国加入WTO教育服务承诺在我国教育事业大格局中的适用性非常有限，大部分教育领域并不适用于教育服务承诺，但是这并不意味着这些领域不对外开放。相反，实施对外开放，是我国既定的教育发展战略，包括军事、警察、政治和党校教育，国家义务教育，以及各级各类公办学校和公益性民办学校等，均须积极开展国际交流与合作，推进对外开放，提升国际化水平。所以，通过教育服务承诺及教育服务贸易通道并不意味着要取代教育对外开放工作，教育服务贸易充其量只能作为我国教育对外开放工作的补充。

✪ 第36问：我国为什么要承诺开放教育服务贸易？

答：关于我国为什么对外承诺开放教育服务贸易，需要以历史性眼光和国际视野来理解。在改革开放初期，我国频受西方市场封锁和贸易限制，迫切需要一个稳定的外部市场环境，加入WTO是历史性选择。WTO谈判坚持的是总体权利与义务平衡原则，为尽快获得WTO成员资格，在坚守或争取某些关键领域的同时，在其他领域做出一些让步策略性选择。另外，之所以承诺开放教育服务贸易，也是国内教育改革发展的需要。长期以来，国内教育资源严重不足，穷国办大教育；教育改革步履艰难，积重难返。在这种情况下，通过适度开放教育服务市场，引进外部资源，借助外部市场力量，推动教育改革，加快自身能力建设，不失为一种有效的政策选择。还有，承诺开放教育服务贸易，也是为了顺应经济全球化、教育国际化和教育服务市场开放的国际大趋势。面对国际大市场，我们只有投身其中，才能有所作为，才能发挥我们自身的比较优势，培育市场竞争优势；面对国际大市场，我们只有参与其中，才有资格、才有机会讨论、修改、制定相关游戏规则，才有可能驾驭市场，在市场竞争中获胜。

第 37 问：教育服务贸易减让承诺是如何做出的？

答：在国际贸易中，教育服务贸易减让承诺是以独立关税区为主体，由独立关税区最高政府当局统一对外做出的。与其他国际组织不同，WTO 接纳成员的标准不是独立国家，而是独立经济关税区，所以 WTO 拥有的是成员而不是成员国。每个独立经济关税区内部市场必须是统一的，市场规则必须是统一的，对外减让承诺表也只能是同一份。这份减让承诺表由关税区内最高政府当局做出，部分成员承诺表包含区域性差别措施或地区性限制措施，如欧盟和美国。地方政府有权在谈判过程中提出自己的诉求，无权在承诺协议签署后做出地方性市场准入限制，但是在经中央政府授权后，可在当地自由贸易试验区内实施更加开放的新措施。

第 38 问：WTO 针对发展中国家有哪些服务贸易特别措施？

答：WTO 在促进贸易磋商和推动贸易自由化的同时，还担负着促进能力建设和推动经济发展的职能并为此针对发展中国家安排了一系列特殊与区别待遇（S&DT）。根据 2018 年 WTO 最新版"S&DT"，发展中成员目前共享有 155 条优惠待遇，分为 6 种类型：

（1）旨在增加发展中成员贸易机会的规定。
（2）维护发展中成员利益的规定。
（3）承诺、行动和贸易政策工具的灵活性安排。
（4）过渡期方面的规定。
（5）有关技术援助的规定。
（6）关于最不发达国家的优惠条款。

服务贸易领域的相关措施主要有给予适当的灵活性，给予更多优惠待遇，提供技术援助，增强发展中国家国内服务能力、效率和竞争力，促进发展中国家更多地参与服务贸易和扩大服务出口等。这一系列特别措施对于教育服务贸易同样适用。值得注意的是，WTO 并没有对"发展中成员"拟定官方定义，而是由相关成员加入时"自我声明"是否以发展中成员身份加入。2019 年 1 月，美国政府提出议案，认为 WTO 关于发达成员与发展中成员的二分结构过于简单，已经过时，现在必须对传统概念的"发展中国家"成员进行区分，并一再声称要终结我国的发展中国家地位。

三、政策法规篇

✪ 第39问：我国对中外合作办学有哪些法律规定？

答：根据《中华人民共和国中外合作办学条例》（2003年3月1日中华人民共和国国务院令第372号）①和《中华人民共和国中外合作办学条例实施办法》（2004年6月2日教育部令第20号）②："中外合作办学属于公益性事业，是中国教育事业的组成部分。""国家对中外合作办学实行扩大开放、规范办学、依法管理、促进发展的方针""鼓励引进外国优质教育资源的中外合作办学"。中外合作办学具体有合作举办机构和项目两种形式，国家对中外合作办学实行审批管理制度。

根据《民办教育促进法（2016修订）》第19条的规定③："民办学校的举办者可以自主选择设立非营利性或者营利性民办学校。但是，不得设立实施义务教育的营利性民办学校。非营利性民办学校的举办者不得取得办学收益，学校的办学结余全部用于办学。营利性民办学校的举办者可以取得办学收益，学校的办学结余依照公司法等有关法律、行政法规的规定处理。"中外合作办学是否参照《民办教育促进法（2016修订）》进行分类管

---

① http://www.gov.cn/zhengce/content/2008-03/28/content_5821.htm
② http://www.moe.gov.cn/srcsite/A02/s5911/moe_621/200406/t20040602_180471.html
③ http://www.moj.gov.cn/Department/content/2019-01/17/592_227069.html

理，在《中外合作办学条例》修订意见中将予以明确。

✪ 第 40 问：我国对开办外籍人员子女学校有哪些管理规定？

答：改革开放以来，为营造良好的营商环境，给外籍人员子女在中国境内接受教育提供方便，我国教育行政部门批准建立了一批外籍人员子女学校，并于1995年制定《关于开办外籍人员子女学校的暂行管理办法》（教外综〔1995〕130号）①。该办法规定，各地举办外籍人员子女学校，需"报国务院教育行政部门审批"。批准设立的外籍人员子女学校，"不得设立分校""不得招收境内中国公民的子女入学"。2012年，国务院发文（国发〔2012〕52号）②下放开办外籍人员子女学校审批权给"省级人民政府教育行政部门"。2015年，教育部发文（教外办学〔2015〕2号）③，对外籍人员子女学校提出了"从严审批、按需设立、依法管理、总量控制"的要求，并建立信息报备制度。

✪ 第 41 问：我国对举办国际学校有什么规定？

答：国际学校和外籍人员子女学校是两个不同的概念。外籍人员子女学校是指外国人在中国境内举办的专门面向居住在中国境内外籍人员子女的一类学校。国际学校则是指中国人在中国境内举办的主要面向中国公民的学校。由于多种原因，近年来，各地兴起举办国际学校、开办国际班的热潮。目前，对于国际学校主要参照民办学校进行管理。根据《民办教育促进法实施条例》修订意见④："在中国境内设立的外商投资企业以及外方为实际控制人的社会组织不得举办、参与举办或者实际控制实施义务教育的民办学校；举办其他类型民办学校的，应当符合国家有关外商投资的规定。"

---

① http://www.moe.gov.cn/srcsite/A02/s5911/moe_621/199504/t19950405_81906.html
② http://www.gov.cn/zhengce/content/2012-10/10/content_1375.htm
③ http://www.moe.gov.cn/srcsite/A20/moe_861/201501/t20150108_189353.html
④ http://www.moj.gov.cn/government_public/content/2018-08/10/tzwj_38281.html

三、政策法规篇

☆第42问：我国对招收和培养国际学生有哪些管理规定？

答：我国鼓励学校招收和培养国际学生。根据教育部、外交部、公安部三部委2017年联合发布的《学校招收和培养国际学生管理办法》（部令第42号）①，我国对学校招收和培养国际学生实施跨部门分级管理制度。国务院教育行政部门统筹管理全国国际学生工作，负责制定招收、培养国际学生的宏观政策，指导、协调省、自治区、直辖市人民政府教育行政部门和学校开展国际学生工作。省、自治区、直辖市人民政府教育行政部门对本行政区域内国际学生工作进行指导、协调和监管，负责研究制定本行政区域内学前、初等、中等教育阶段国际学生工作的相关政策。教育部2018年印发《来华留学生高等教育质量规范（试行）》（教外〔2018〕50号）②，对高等学校招收和培养国际学生质量保障提出了详细规定。

根据三部委的规定，国际学生在高等学校学习期间可以参加勤工助学活动，但不得就业、经商或从事其他经营性活动。高校国际学生毕业后，被允许在部分自由贸易试验区直接就业和创业。2017年相关自贸区设定的就业条件是"获得硕士及以上学位的优秀外国留学生"。2019年就业条件放宽为"在中国高校毕业的优秀留学生"。

☆第43问：我国对自费出国留学中介服务有哪些管理规定？

答：作为一项特需服务行业，我国对自费出国留学中介服务机构实行审批管理制度。根据教育部、公安部、国家工商行政管理局1999年联合制定的《自费出国留学中介服务管理规定》（5号令），三部委对全国自费出国留学中介服务机构进行资格审批管理。2012年，国务院发文调整行政审批项目（国发〔2012〕52号）③，将自费出国留学中介服务机构资格认定下放到省级人民政府教育行政部门，教育部不再审批。教育部于2015年发布第38号令④，宣布废止《自费出国留学中介服务管理规定》（教育部、公

---

① http://www.moe.gov.cn/srcsite/A02/s5911/moe_621/201705/t20170516_304735.html
② http://www.moe.gov.cn/srcsite/A20/moe_850/201810/t20181012_351302.html
③ http://www.gov.cn/zhengce/content/2012-10/10/content_1375.htm
④ http://www.moe.gov.cn/srcsite/A02/s5911/moe_621/201511/t20151126_221285.html

安部、国家工商行政管理局令第5号)和《自费出国留学中介服务管理规定实施细则(试行)》(教育部、公安部、国家工商行政管理局令第6号)。

✪ 第44问：我国对中外合作举办教育考试有哪些管理规定？

答：为规范和管理中外合作举办教育考试，中华人民共和国原国家教育委员会（现为中华人民共和国教育部）在1996年制定并发布《中外合作举办教育考试暂行管理办法》（教考试〔1996〕4号）[1]，该办法目前依然有效。根据该管理办法，"中外合作举办教育考试"是指境外机构与中国的教育考试机构在中国境内合作举办面向社会的非学历的教育考试。境外机构不得单独在中国境内举办教育考试。2015年，国务院发文（国发〔2015〕27号）[2]，将"国家和省级教育考试机构与外国及港澳台地区考试机构或其他组织合作举办境外考试审批"调整为"政府内部审批"，审批部门为教育部。近年来，随着我国多元化出国留学规模的不断扩大，参加境外教育考试的人数越来越多，部分境外教育考试机构（如美国考试中心）在我国境内寻求开展教育考试服务的意愿持续高涨，但由于种种原因，至今尚未完全突破。

✪ 第45问：我国对引进境外教材有哪些管理规定？

答：近年来，我国对引进境外教材管理日趋严格。2017年，教育部成立教材局，国务院成立国家教材委员会。2020年1月，教育部制定并发布《学校选用境外教材管理办法》，要求坚持按需选用，凡选必审，为我所用，严格把关。明确规定义务教育学校不得选用境外教材，普通高中除中外合作办学机构或项目、经省级教育行政部门批准开设的普通高中境外课程项目外不得选用境外教材。高等学校、中等职业学校、普通高中中外合作办学机构或项目、经省级教育行政部门批准开设的普通高中境外课程项目，境内教材确实无法满足教学需要，可选用境外教材，鼓励选用我国出版社翻译出版、影印出版的国外优秀教材。

---

[1] http://www.moe.gov.cn/srcsite/A02/s5911/moe_621/199605/t19960510_81888.html
[2] http://www.gov.cn/zhengce/content/2015-05/14/content_9749.htm

三、政策法规篇

★第46问：我国对聘用外籍教师有哪些管理规定？

答：根据我国加入WTO的承诺，具备一定资格条件的外籍教师可经我国教育机构聘用后入境提供教学服务。教育部目前起草制定的《外籍教师聘任和管理办法（征求意见稿）》①，提出了更加详细的基本要求和资质条件，同时建立全国外籍教师信息备案制度和信用记录制度，进一步加强对学校聘用外籍教师的规范管理。

★第47问：我国对境外办学有哪些管理规定？

答：改革开放以来，我国探索境外办学与引进开展中外合作办学差不多同步进行。为规范高等学校境外办学活动，教育部于2002年制定《高等学校境外办学暂行管理办法》（2002年12月31日教育部令第15号发布），提出"积极探索，稳步发展，量力而行，保证质量，规范管理，依法办学"的方针。管理办法规定，实施本科或者本科以上学历教育的，报教育部审批；实施专科教育或者非学历高等教育的，由省、自治区、直辖市人民政府或者学校主管部门审批，并报教育部备案。2015年，国务院发文（国发〔2015〕27号）②取消非行政许可审批事项，"高等学校赴境外设立教育机构（含合作）及采取其他形式实施本科及以上学历教育审批"被取消。同年，教育部发布38号令③，宣布废止2002年12月31日发布的《高等学校境外办学暂行管理办法》（教育部令第15号）。这意味着目前我国高校开展境外办学活动已完全纳入学校自主办学范畴。

★第48问：我国对举办国际教育展览有哪些管理规定？

答：我国举办国际教育展览是改革开放后出现的市场化探索。1999年，教育部办公厅曾经发布《关于加强在华举办国际教育展览管理工作的通知》

---

① http://www.moe.gov.cn/jyb_xwfb/s248/202007/t20200721_474014.html
② http://www.gov.cn/zhengce/content/2015-05/14/content_9749.htm
③ http://www.moe.gov.cn/srcsite/A02/s5911/moe_621/201511/t20151126_221285.html

（教外厅〔1999〕27号），要求举办国际教育展览须由教育行政部门归口审批，属于行政审批事项。2012年，国务院发文取消行政审批事项（国发〔2012〕52号）①，"举办国际教育展览审批"改为"实行告知性备案"。

第49问：我国对举办孔子学院有哪些管理规定？

答：根据《教育部关于印发〈孔子学院总部机构设置以及教育部对外汉语教学发展中心机构调整方案〉的通知》（教人函〔2007〕12号）和《孔子学院章程》②的规定，"孔子学院（课堂）设置及年度项目审批"属于非行政许可审批项目，由孔子学院总部负责审批。2015年，国务院发文取消"孔子学院（课堂）设置及年度项目审批"。2020年6月，孔子学院（课堂）总部更名为教育部中外语言交流合作中心，对外不再使用国家汉办名称。同时，成立"中国国际中文教育基金会"，全面负责运行全球孔子学院品牌。

第50问：我国知识产权保护对教学科研有哪些例外规定？

答：根据与贸易有关的知识产权协定（TRIPs）的有关规定，各成员需对版权及相关权、商标、地域标识、工业品外观设计、专利、集成电路布图设计、未公开的信息（包括商业秘密等知识产权）进行全面保护，但是允许教学、科研使用例外。《著作权法》（2020年再次修正时改为第二十四条）第二十二条规定："在下列情况下使用作品，可以不经著作权人许可，不向其支付报酬，但应当指明作者姓名、作品名称，并且不得侵犯著作权人依照本法享有的其他权利：（一）为个人学习、研究或者欣赏，使用他人已经发表的作品；……（六）为学校课堂教学或者科学研究，翻译或者少量复制已经发表的作品，供教学或者科研人员使用，但不得出版发行。"《专利法》（2020年修正时改为第七十五条）第六十九条规定："有下列情形之一的，不视为侵犯专利权：……（四）专为科学研究和实验而使用有关专利的。"

---

① http://www.gov.cn/zhengce/content/2012-10/10/content_1375.htm
② http://www.moe.gov.cn/srcsite/zsdwxxgk/200610/t20061001_62461.html

★第51问：我国最新发布的外商投资及市场准入负面清单有哪些教育规定？

答：我国于2017年正式建立市场准入负面清单和外商投资负面清单管理制度，由国家发改委和商务部定期发布《外商投资准入特别管理措施（负面清单）》（以下简称《外商投资准入负面清单》）、《市场准入负面清单》和《自由贸易试验区外商投资准入特别管理措施（负面清单）》（以下简称《自贸试验区负面清单》）。在三份负面清单最新版本中，有关教育的事项如表3-1~表3-4所示。

表3-1 外商投资准入负面清单（2021年版）

序号	特别管理措施
十、教育	
24	学前、普通高中和高等教育机构限于中外合作办学，须由中方主导（校长或者主要行政负责人应当具有中国国籍，理事会、董事会或者联合管理委员会的中方组成人员不得少于1/2）
25	禁止投资义务教育机构、宗教教育机构

（注：2021年版《外商投资准入负面清单》关于教育的特别管理措施与2020年版中的相关规定一致。）

表3-2 自贸试验区负面清单（2021年版）

序号	特别管理措施
十、教育	
21	学前、普通高中和高等教育机构限于中外合作办学，须由中方主导（校长或者主要行政负责人应当具有中国国籍（且在中国境内定居），理事会、董事会或者联合管理委员会的中方组成人员不得少于1/2）（外国教育机构、其他组织或者个人不得单独设立以中国公民为主要招生对象的学校及其他教育机构（不包括非学制类职业培训机构、学制类职业教育机构），但是外国教育机构可以同中国教育机构合作举办以中国公民为主要招生对象的教育机构）
22	禁止投资义务教育机构、宗教教育机构

（注：2021年版《自贸试验区负面清单》关于教育的特别管理措施与2020年版中的相关规定一致。）

允许外商独资设立非学制类、学制类职业教育机构意味着在自贸试验区放宽了教育领域外商投资准入。

表3-3 市场准入负面清单（2022年版）（许可准入类——教育）

项目号	禁止或许可事项	事项编码	禁止或许可准入措施描述	主管部门	地方性许可措施
89	未获得许可，不得设立特定教育机构	216001	高等学校和其他高等教育机构、民办和中外合作开办中等及以下学校以及幼儿园、面向中小学生的校外培训机构等其他教育机构筹设、办学许可；外籍人员子女学校办学许可	教育部	设置民族学校和民族托幼园（所）批准（北京）
			职业培训学校及民办技工学校、技师学院筹设审批；职业培训学校、技工学校、技师学院办学许可	人力资源和社会保障部	设立专业技术人员继续教育实施机构审批（重庆）

（注：2022年版《市场准入负面清单》"许可准入类"关于教育的禁止和许可措施比2019年版减少了2项。）

表3-4 市场准入负面清单（2022年版）（与市场准入相关的禁止性规定——教育）

序号	禁止措施	设立依据	管理部门
136	禁止开展违反中国法律，损害国家主权、安全和社会公共利益的教育对外交流项目	《中华人民共和国教育法》	教育部
137	禁止举办实施军事、警察、政治等特殊性质教育的民办学校和义务教育的营利性民办学校	《中华人民共和国民办教育促进法》《中华人民共和国民办教育促进法实施条例》	教育部
138	实施义务教育的公办学校不得举办或者参与举办民办学校，也不得转为民办学校。其他公办学校不得举办或者参与举办营利性民办学校（实施职业教育的公办学校举办或者参与举办实施职业教育的营利性民办学校，适用于《中华人民共和国民办教育促进法实施条例》等法律法规中的有关规定）	《中华人民共和国民办教育促进法实施条例》	教育部

三、政策法规篇

续表

序号	禁止措施	设立依据	管理部门
139	地方人民政府不得利用国有企业、公办教育资源举办或者参与举办实施义务教育的民办学校	《中华人民共和国民办教育促进法实施条例》	教育部
140	任何社会组织和个人不得通过兼并收购、协议控制等方式控制实施义务教育的民办学校、实施学前教育的非营利性民办学校	《中华人民共和国民办教育促进法实施条例》	教育部
141	义务教育阶段学科类培训机构一律不得上市融资,严禁资本化运作;上市公司不得通过股票市场融资投资义务教育阶段学科类培训机构,不得通过发行股份或支付现金等方式购买义务教育阶段学科类培训机构资产(对面向普通高中学生的学科类校外培训机构的管理参照执行)	《中共中央办公厅 国务院办公厅关于进一步减轻义务教育阶段学生作业负担和校外培训负担的意见》	教育部 发展改革委 市场监管总局 证监会
142	禁止社会资本通过兼并收购、受托经营、加盟连锁、利用可变利益实体、协议控制等方式控制国有资产或集体资产举办的幼儿园、非营利性幼儿园	《中共中央国务院关于学前教育深化改革规范发展的若干意见》（中发〔2018〕39号）	教育部 发展改革委 市场监管总局 证监会
143	禁止民办园单独或作为一部分资产打包上市;禁止上市公司通过股票市场融资投资营利性幼儿园,禁止上市公司通过发行股份或支付现金等方式购买营利性幼儿园资产	《中共中央国务院关于学前教育深化改革规范发展的若干意见》（中发〔2018〕39号）	教育部 发展改革委 市场监管总局 证监会 外汇局
144	中小学校不得举办或者参与举办校外培训机构	《国务院办公厅关于规范校外培训机构发展的意见》（国办发〔2018〕80号）	教育部

（注：2022年版《市场准入负面清单》"与市场准入相关的禁止性规定"关于教育的禁止措施比2019年版大幅增加了5项,即表3-4中的第138、139、140、141、143项。）

2024年3月,商务部发布《跨境服务贸易特别管理措施（负面清单）》

· 31 ·

（2024年版）和《自由贸易试验区跨境服务贸易特别管理措施（负面清单）》（2024年版）；同年9月，国家发改委会同商务部发布《外商投资准入特别管理措施（负面清单）（2024年版）》。上述三份负面清单对教育服务做出了新的承诺和规定。

《外商投资准入特别管理措施（负面清单）（2024年版）》不再细分许可准入与禁止性规定，对教育服务的措施只剩下两条，即第20条：学前、普通高中和高等教育机构限于中外合作办学，须由中方主导（校长或者主要行政负责人应当具有中国国籍，理事会、董事会或者联合管理委员会的中方组成人员不得少于1/2）。第21条：禁止投资义务教育机构、宗教教育机构。

《跨境服务贸易特别管理措施（负面清单）》（2024年版）和《自由贸易试验区跨境服务贸易特别管理措施（负面清单）》（2024年版）对教育的规定包括两条：第一，境外教育服务提供机构除与中方教育考试机构合作举办面向社会的非学历的教育考试外，不得单独举办教育考试；第二，境外个人教育服务提供者未受中国学校和其他教育机构邀请或雇佣，不具有学士或以上学位、相应的专业职称或证书和2年专业工作经验，不得入境提供教育服务。

四、现状篇

✪ 第52问：WTO现有成员教育服务开放承诺处于什么水平？

答：与其他服务部门相比，WTO现有成员教育服务总体开放承诺水平不高，承诺开放教育服务的成员数相对较少。由于教育服务在经济社会发展中起着不可替代的重要作用，是市场经济条件下政府的主要职能之一，所以WTO各成员对教育服务市场的开放都比较谨慎。除能源服务之外，教育服务是目前承诺开放成员数最少，总体开放幅度最小的服务部门之一。截至2023年12月，WTO共有164位成员，其中74位成员承诺开放了教育服务，只占成员总数的45.1%，不到一半，所占比例比其他服务部门低。具体而言，早期加入的成员对教育服务做出开放承诺的相对较少，而2000年以后加入的成员基本都承诺开放了教育服务市场。发展中成员教育服务开放程度在总体上高于发达成员。

✪ 第53问：中国教育服务承诺在WTO成员中处于什么水平？

答：就WTO整体情况而言，目前承诺开放教育服务市场的成员不到一半，而我国是这其中的一员，表明我国对教育服务市场开放持积极态度。

就做出教育服务开放承诺的74位成员的具体情况而言，我国的承诺水平总体比平均水平低，但是比美国、日本、澳大利亚等发达成员承诺水平高。据上海市教科院WTO教育服务研究中心测算，74位WTO成员教育服务市场平均开放幅度为57.1%，我国为43.8%，美国为26.3%，日本为23.8%，澳大利亚为37.5%，欧盟为58.8%。全球教育服务承诺水平最高的国家是摩尔多瓦，开放幅度达到91.3%。

✪ 第54问：全球教育服务贸易发展现状如何？

答：目前全球教育服务贸易发展严重不平衡。就模式而言，境外消费（主要指出国学习）仍然是教育服务最主要的贸易模式。据联合国教科文组织（UNESCO）统计数据，2017年，全球高等教育阶段注册的国际学生总数为530万人，为相关国家创造了可观的经济收益和大量就业机会。另外，随着信息技术快速发展和各国市场进一步开放，跨境交付和商业存在模式的教育服务贸易近年来发展迅猛。就贸易流向而言，西方教育发达国家依然是教育服务贸易主要出口国，新兴市场经济国家是最主要进口国。据2019年相关统计数据，美国接收了109.53万名国际学生，由此带来经济收益410亿美元，创造就业岗位45.83万个；英国接收国际学生48.56万人，澳大利亚接收了44.21万人。美国、英国和澳大利亚，稳居全球教育服务贸易出口排名前三位。教育服务贸易最主要进口国家为中国、印度、韩国和德国，在外留学生人数均超过10万人。2018年，中国在外求学的留学人员达153.39万人，稳居欧美诸国国际学生第一大生源地国家。就市场而言，世界主要经济活动区域教育服务市场基本对外开放，全球统一大市场初步形成。尽管承诺开放教育服务的WTO成员数不多，但是其人口数量和经济活动总量基本涵盖了世界主要区域。截至2018年，45.1%的教育服务承诺成员占世界总人口的70%。也就是说全球超过2/3的人口区域承诺开放了教育服务市场，这些区域占世界GDP的87%，占国际贸易总额的83%，是世界主要经济活动地区。

✪ 第55问：我国教育服务贸易发展现状如何？

答：自2001年加入WTO以来，我国教育服务贸易发展迅猛，持续保持全球第一大进口国地位，长期处于逆差状态。我国不仅是全球最大国际学

四、现状篇

生输出国,在外求学留学人员达153.39万人,也是引进举办国际合作办学项目最多的国家,经教育部门批准在办的中外合作办学机构和项目超过2 400家(2019年);还是教育服务市场投资最活跃的国家之一,一大批教育培训机构引进境外投资并成功赴境外上市。另外,跨境网络教育也很活跃,如各种网络少儿英语。总体而言,我国教育服务出口规模不大,竞争力不强。尽管招收来华留学生规模越来越庞大,2018年注册学生达到25.81万人,但是由于我国学费偏低,各级奖学金覆盖面宽广,经济效益不明显。虽然境外办学近年来被热捧,但是基于市场和商业利益的意识仍很淡薄。与美国、英国、澳大利亚、加拿大等国家明确将教育服务出口作为国家战略不同,我国迄今为止还没有这样的政策企图。另外,我国教育服务贸易统计仍然较为薄弱。

✪ 第56问:WTO教育服务谈判有什么新进展?

答:多边框架下教育服务贸易谈判目前处于停顿状态。WTO于2000年1月1日正式启动多哈回合谈判,原定于2006年年底结束谈判,达成最终协议。但是,由于主要成员间分歧严重,坚持不相让,最终WTO于2006年7月22日宣布中止谈判,多哈回合谈判事实上宣告失败了。在多哈回合谈判初期,教育服务是服务贸易谈判议题之一。谈判期间,WTO共收到教育服务谈判提议5份,全部来自发达成员。具体包括美国、澳大利亚、新西兰、日本和瑞士。部分成员对原有承诺提出了修改建议,进一步提高开放水平,如美国、日本、欧盟、瑞士、土耳其等。其中,美国在新的出价表中增加开放了高等教育服务,日本进一步提高了高等教育服务的开放承诺水平等。欧盟在协调各成员原有承诺的基础上,针对扩大后的新欧盟(成员由12位增加到27位)提出了统一的承诺水平和新的出价建议。印度等部分尚未开放教育服务的成员,在新回合谈判中提出了开放意向和具体出价,包括印度、韩国、新加坡、马来西亚、印度尼西亚、巴林、秘鲁、哥伦比亚、格林纳达、多米尼加、巴基斯坦和中国澳门。在新回合谈判中,先后有11位成员向中方提出了教育服务谈判要价,与此同时我国向26位成员提出了谈判要价。原来预计新回合谈判结束时教育服务贸易减让承诺水平会明显提升,目前,由于谈判全面停顿,教育服务贸易市场承诺情况没有新变化。

教育服务贸易精要

★第57问：WTO改革进展如何？

答：多哈回合谈判中止以来，WTO改革呼声日高，并于近年成为焦点，成为大国博弈的舞台，引起各方的关注。美国、中国、欧盟、日本、加拿大、巴西、印度、非洲等主要利益集团纷纷提出各自的改革方案。目前，涉及的主要改革议题有发展中成员地位及特殊与区别待遇（S&DT）、上诉机构改革、透明度及通告义务、制定新贸易规则、投资便利化、电子商务规则、农业补贴、产业补贴、提高工作效率等，各方利益关切不尽相同（表4-1）。焦点议题是上诉机构改革、发展中成员地位、制定贸易新规则和提高工作效率等。

表4-1 主要经济体WTO改革立场比较

经济体	WTO改革立场
美国	（1）WTO必须应对"始料未及的来自非市场经济的挑战"； （2）WTO争端解决必须充分尊重成员主权政策选择； （3）WTO成员必须被强制要求遵守告知义务； （4）WTO对发展处理方式必须调整以反映当前全球贸易现实
中国	● 总体立场： （1）维护非歧视、开放等多边贸易体制的核心价值，为国际贸易创造稳定和可预见的竞争环境； （2）保障发展中成员的发展利益，纠正世贸组织规则中的"发展赤字"，解决发展中成员在融入经济全球化方面的困难； （3）遵循协商一致的决策机制。 ● 重点关注领域： （1）解决危及WTO生存的关键和紧迫性问题； （2）增加WTO在全球经济治理中的相关性； （3）提高WTO运行效率； （4）增强多边贸易体制的包容性
欧盟	● 规则制定： （1）制定有利于系统再平衡和创造公平竞争环境的规则； （2）建立新的规则以应对阻碍服务和投资的壁垒，包括在强制技术转让领域； （3）应对全球社会的可持续发展问题。 ● 常规工作和透明度： ● 争端解决机制

续表

经济体	WTO改革立场
日本	（1）维护及强化争端解决机制； （2）强化WTO的监督功能和透明度； （3）规范第三国的"非市场"政策和措施，包括制定规则减少产业补贴、制约国有企业"不公平"竞争、制止第三国的强制技术转移； （4）制定新标准来界定"发展中国家成员"身份
加拿大	（1）改进监督功能的效率和有效性； （2）维护和加强争端解决机制； （3）为贸易规则的现代化奠定基础
印度	（1）支持WTO改革，但是反对改变这个多边贸易机构的"共识驱动"特质； （2）改革争端解决机制、完善规则制定和提高透明度要求
巴西	（1）主动放弃在WTO中的发展中国家身份及"特殊和差别待遇"，以换取美国对于巴西加入亚太经合组织（OECD）的支持； （2）在改革立场上，拒绝联署金砖国家关于WTO改革的声明； （3）反思"发达国家"和"发展中国家"标准，探讨发展议题与"特殊和差别待遇"之间的具体联系

美国于2019年年初通过相关提案建议改革WTO发展中成员地位并给予区别待遇，其认为通过自我声明方式获得发展中成员地位享受特殊与区别待遇不合理，建议取消四类发展中成员地位及S&DT。

（1）OECD成员或将要加入OECD的国家。

（2）G20成员。

（3）被世界银行认定为高收入成员。

（4）在全球进出口贸易中占比达到5%及以上的国家。

点名提出新加坡、韩国、中国、巴西、墨西哥、俄罗斯、印度、印度尼西亚、南非、尼日利亚、文莱、中国香港等成员需从S&DT毕业。此后，新加坡、韩国、巴西等成员明确表示将主动放弃部分S&DT，中国和印度等成员则明确表示反对美国的提案主张。

根据WTO规定，我国在加入WTO时自我认定为发展中成员并有权利享有相关特殊与区别待遇。目前，我国在WTO的发展中成员身份受到了美国的公开质疑和反对。据对2018年WTO最新版"S&DT"155条发展中成员优惠待遇的初步梳理，我国目前享受并仍有现实意义的条款有50多条，主要涉及技术援助的权利和义务、补贴灵活性和降低壁垒承诺的非对等性特权、谈判新规则可能设置 S&DT 等方面权益。

⭐第 58 问：全球 FTA 发展及谈判进展如何？

答：近年来，贸易保护主义抬头，WTO 多边机制运转不畅，区域自由化进程加快发展，多种形式、更高标准的双边、区域、跨区域的国际贸易投资新规制（如 RTA）纷纷涌现。据 WTO 统计数据，截至 2019 年 12 月，WTO 所有成员均签订了至少 1 个 RTA，而全球总有效 RTA 数量达 474 个，其中 FTA 有 257 个。目前，已经生效的涉及面较广、影响较大的区域贸易投资新规制主要有下列几个：

（1）全面与进步跨太平洋伙伴关系协定（Comprehensive and Progressive Agreement for Trans-Pacific Partnership，CPTPP）。该协定于 2018 年 3 月签署。美国退出后，日本、加拿大、澳大利亚、智利、新西兰、新加坡、文莱、马来西亚、越南、墨西哥、秘鲁 11 个国家在原 TPP 基础上签署。CPTPP 被认为是迄今为止全球开放水平最高的自由贸易协定。CPTPP 占全球经济总量的 13%、拥有人口数量超过 5 亿。

（2）经济伙伴关系协定（EPA）。该协定于 2018 年 7 月 17 日签署。成员包括日本和欧盟。EPA 涵盖 6 亿人口，GDP 总量几乎占全球三分之一，一度被认为是世界最大自由贸易区。

（3）美国—墨西哥—加拿大三国协定（the United States-Mexico-Canada Agreement，USMCA）。该协定在原北美自由贸易协定（NAFTA）的基础上经重新谈判修订而成，于 2018 年 9 月 30 日签署。USMCA 采用负面清单模式，引入针对非市场经济体的"毒丸条款"。美国宣布 USMCA 为新时期自贸协定谈判标准模板。

（4）欧盟和越南自由贸易协定和投资保护协定。该协定于 2019 年 6 月 30 日签署。双方同意在 10 年内逐步削减双边贸易 99% 的关税。

（5）非洲大陆自贸区（AfCFTA）。其于 2019 年 7 月 7 日正式启动，涵盖 13 亿人口，经济总量达 3.4 万亿美元。

（6）欧亚经济联盟。该联盟于 2015 年 1 月 1 日正式启动，计划到 2025 年实现商品、服务、资金和劳动力在联盟内的自由流动，终极目标是建立类似于欧盟的经济联盟，形成一个拥有 1.7 亿人口的统一市场。

四、现状篇

（7）区域全面经济伙伴关系协定（Regional Comprehensive Economic Partnership，RCEP）。RCEP 于 2012 年由东盟发起，包括中国、日本、韩国、澳大利亚、新西兰、东盟十国和印度共 16 方成员参与了谈判，后期印度宣布退出。2020 年 11 月 15 日，东盟 10 国和中国、日本、韩国、澳大利亚、新西兰共 15 个亚太国家正式签署 RCEP。2022 年 1 月 1 日，RCEP 正式生效。RCEP 是迄今全球人口最多、经贸规模最大、最具发展潜力的自由贸易区。

正在谈判或者谈判暂时搁置的重要区域贸易协议还有中日韩自贸区、中欧投资协定、中美经济贸易协议、美欧自贸协议、美日自贸协议等。

第 59 问：中国迄今为止签署了哪些自由贸易协定？

答：2002 年 11 月 4 日，中国与东盟签署"中国—东盟全面经济合作框架协议"，开始了我国 FTA 建设进程。截至 2023 年 12 月底，我国内地共与 29 个国家和地区签署了 22 个 FTA，具体涉及毛里求斯、马尔代夫、瑞士、冰岛、格鲁吉亚、塞尔维亚、澳大利亚、新西兰、哥斯达黎加、秘鲁、智利、厄瓜多尔、尼加拉瓜、巴基斯坦、韩国、日本、东盟 10 国、中国香港和中国澳门，自由贸易伙伴遍及欧洲、亚洲、大洋洲、南美洲和非洲。其中，2020 年 11 月 15 日与日本、韩国、澳大利亚、新西兰和东盟 10 国一道签署的区域全面经济伙伴关系协定（RCEP），是我国内地迄今为止签署的涉及贸易伙伴最多的自由贸易协定。目前在谈的贸易协定包括数字经济伙伴关系协定（DEPA），中日韩 FTA，中国海合会 FTA，以及中国与斯里兰卡、以色列、挪威、摩尔多瓦、巴拿马、巴勒斯坦等国 FTA。

第 60 问：中国在 FTA 建设中教育服务谈判取得了哪些进展？

答：迄今为止，中国与有关国家和地区签署的自由贸易协定总体采用了正面清单模式，教育服务是服务贸易重要部门之一。中国与有关成员，在加入 WTO 承诺的基础上，相互做出了新的减让。在与部分成员的谈判中，如澳大利亚、新西兰等，教育服务成为重要谈判议题之一。在已经签署的自由贸易协定中，中国与有关成员的教育服务承诺减让，大致分为四种情况：第一种情况，双方在加入WTO承诺的基础上，相互做出新的减让承诺，如中国与新西兰自由贸易协定；第二种情况，在加入WTO承诺的基础上，相关成员对中国做出了新的减让承诺，而中国并没有做出进一步的减让。如中国与巴基斯坦、智利、秘鲁、哥斯达黎加签署的自由贸易协定，以及与东盟自由贸易协定中的新加坡和马来西亚等，中国基本上按照加入WTO的承诺。巴基斯坦、智利、秘鲁、新加坡、马来西亚等国，至今尚未在WTO做出教育服务减让承诺，但在与中国签署的自由贸易协定中，对中国明确做出了开放教育服务的承诺。在与智利、秘鲁和冰岛签署的自由贸易协定中就有关于"教育"合作的专门条款；第三种情况，在加入WTO承诺的基础上，双方均没有做出新的减让承诺，如中国与东盟自由贸易协定中的越南、印度尼西亚、菲律宾等。值得关注的是，原本未开放教育服务市场的印度尼西亚在多哈回合谈判中提交了教育服务出价表，涉及中等教育服务、高等教育服务、成人教育服务和其他教育服务，但是在2007年，我国与东盟签署的FTA，即《服务贸易协议》，印度尼西亚并未对我国承诺开放教育服务。这意味着，印度尼西亚在与我国FTA教育服务谈判中采取了比WTO谈判更为审慎的态度，这也意味着我国在与东盟FTA谈判中对印度尼西亚的教育服务要价偏低；第四种情况，相关协议中没有包括教育服务，如大陆在与台湾省签署的海峡两岸经济合作框架协议（ECFA）就不涉及教育服务。

◎ 第61问：中国—澳大利亚FTA相互做出了哪些教育服务承诺？

答：在我国FTA建设进程中，与澳大利亚FTA谈判具有代表性。双方于2005年4月启动谈判，历时10年，先后进行了21轮谈判和数十次小范围磋商，涉及诸多领域，教育服务是重要议题之一。中澳FTA教育服务谈判是我国FTA建设进程中关于教育服务最系统、最深入的谈判。两国于2015年6月签署FTA协定，相互就教育服务做出了开放承诺。

中国在加入WTO承诺基础上，以正面清单对澳大利亚做出新的"其他承诺"，即同意在一年内审查、评估并在中国教育部涉外教育监

四、现状篇

管网（www.jsj.edu.cn）上新增在澳大利亚联邦政府招收海外学生院校及课程注册登记的，根据澳大利亚法律设立的，能够授予澳大利亚教育管理机构认可的学历、学位证书的77家澳大利亚高等教育服务提供者名单。

澳大利亚则以负面清单对中国做出教育服务承诺，主要涉及初等教育的市场准入和国民待遇，以及教育和培训机构的国民待遇和最惠国待遇，具体见表4-2。

表4-2 中国—澳大利亚FTA之澳大利亚教育服务不符措施清单（负面清单）

部门	教育服务
涉及义务	市场准入 国民待遇
描述	澳大利亚保留权利，采取或维持初等教育方面的任何措施
现行措施	
部门	教育服务
涉及义务	国民待遇 最惠国待遇
描述	澳大利亚保留权利，采取或维持以下方面的任何措施： （1）独立的教育和培训机构在录取政策（包括关于学生平等机会的考虑以及学分、学位的认可）、学费设置、课程大纲或课程内容制定方面保持自主权的能力； （2）针对教育和培训机构及其项目非歧视性的认证和质量保证程序，包括必须满足的标准； （3）提供给教育和培训机构的政府资金、补贴或补助，如土地划拨、税收优惠和其他公共利益； （4）教育和培训机构需遵守关于在特定司法管辖区内建立和运营某设施的非歧视性要求
现行措施	

另外，作为FTA的组成部分，中澳双方就加强教育服务领域合作达成一份内容丰富的谅解换文，主要涉及下列内容。

中国和澳大利亚认为，教育服务不仅本身非常重要，而且对促进两国贸易投资、推动发展繁荣、增进相互了解、加强机构和人文交流发挥着重要作用。

教育服务贸易精要

鉴于中方承诺将在 FTA 生效之日起 1 年内,在涉外教育监管网(www.jsj.edu.cn)上刊登 77 家已在澳大利亚"联邦政府招收海外学生院校及课程注册登记"(CRICOS)注册的高等教育机构名单,澳大利亚将做到以下 3 点:

(1)提供澳大利亚高等教育质量和标准署(TEQSA)关于在 CRICOS 注册的高等教育机构的监管决定细节。

(2)按照 TEQSA 再注册流程,向中国提供公开报告。在对某一教育服务提供者进行风险评估时,如果 TEQSA 发现问题并做出监管决定,将向中方提供相关监管决定。如果某一教育机构未更新其注册,或者获得少于 TEQSA 规定的最长注册时间,TEQSA 将向中方提供相关决定的理由,并且向中方提供以下信息:已在涉外教育监管网刊登的澳教育机构所获准开设的课程。该机构须向 TEQSA 和 CRICOS 申请再注册的截止日期,或申请课程再认证的截止日期。

(3)澳大利亚还将定期通过外交渠道向中国提供《全国高等教育机构名录》(National Register)上公布的公共报告摘要信息。

中国和澳大利亚将携手确保 FTA 协定顺利执行,并将继续探讨在涉外教育监管网上刊登更多经 CRICOS 注册的教育机构。中国和澳大利亚将继续开展促进师生交流的项目,中国教育部和澳大利亚教育部将继续探讨扩大和加强两国师生往来的方式。中国欢迎和支持澳大利亚政府资助更多学生来中国留学,包括"新科伦坡计划"。中国和澳大利亚将根据各自法律法规,确保来自对方国家学生的合法权益。中国教育部和澳大利亚教育部将探讨澳教育服务提供者获取在华营销和招生机会的途径。上述探讨将包括处理申请、发放录取和提供签证协助。中国有意在澳大利亚设立中文国际学校,澳大利亚对此表示欢迎。澳大利亚关于国际学校的规定由州和自治领政府制定。

◎第 62 问:中国—新西兰 FTA 相互做出了哪些教育服务承诺?

答:中国与新西兰于 2008 年 4 月签署 FTA,这是中国与发达国家间签署的第一份 FTA。在中国—新西兰 FTA 中,双方分别以正面清单就教育服务相互做出如下承诺：中国在加入 WTO 承诺基础上，对新西兰做出新的"其他承诺"，即中国将在教育涉外监管信息网上公布新西兰 8 所大学、20 所理工学院，以及下列经新西兰资格认证局（NZQA）批准和认证的颁发学士学位之学院名单：奥特亚罗瓦理工学院（Te Wananga o Aotearoa）、阿瓦努伊阿兰吉理工学院（Te WhareWananga o Awanuiarangi）、劳卡瓦理工学院（Te Wananga o Raukawa）、圣海伦斯奥克兰学院（Auckland Institute of Studies at St Helens）、新西兰国际太平洋学院（International Pacific College New Zealand）、新西兰脊骨神经学院（New Zealand College of Chiropractic）、太平洋国际酒店管理学院（Pacific International Hotel Management School）、新西兰戏剧学校（TeKura Toi Whakaari o Aotearoa：New Zealand Drama School）、怀特克利夫艺术与设计学院（Whitecliff College of Arts and Design）。

双方将在官方层面共同开展对包含远程教育内容在内的资格质量保障标准的评估。

新西兰承诺，对私立学校的初等、中等和高等教育服务（CPC 921、CPC 922、CPC 923），私立专业语言机构提供的培训，私立中文考试中心提供的语言评估服务，新西兰义务教育体制之外私立专门机构为中、小学提供的课程辅导（CPC 929）等其他教育服务，无论模式 1、模式 2，还是模式 3，在市场准入和国民待遇方面均没有限制。

另外，作为协定的组成部分，双方就博士奖学金达成谅解换文，每年互为对方十名学生提供奖学金，资助为期 3 年的博士生课程学习。

第 63 问：中国—东盟 FTA 相互做出了哪些教育服务承诺？

答：中国—东盟 FTA 是我国同其他国家商谈的第一个 FTA，也是我国目前与有关经济体建成的最大双边自贸区。2002 年 11 月，我国与东盟签署了中国—东盟全面经济合作框架协议，决定在 2010 年建成中国—东盟 FTA。2015 年 11 月，我国与东盟签署中国—东盟 FTA 升级版。

在中国—东盟 FTA 中，我国在坚持加入 WTO 承诺基础上未就教育服务做出新的减让承诺。东盟相关成员对我国教育服务承诺见表 4-3。

表4-3 中国—东盟FTA相关成员教育服务承诺表

服务提供方式： 1）跨境交付 2）境外消费 3）商业存在 4）自然人移动/流动

部门或分部门	市场准入限制	国民待遇限制	其他承诺
马来西亚 C. 高等教育服务 由私人资金筹建的高等教育机构提供的其他高等教育服务，不包括含有政府股份或接受政府支助的私人高等教育机构 （CPC 92390）	1）除依照外国教育机构与马来西亚教育机构签署特许协定或合作协定外，其他不做承诺。 2）除依照特许和合作协定出国的学生可以境外消费外，其他不做承诺。 3）仅允许设立外资股份不超过49%的机构，且必须经过经济需求测试。 4）除WTO水平承诺外，不做承诺	1）不做承诺。 2）不做承诺。 3）不做承诺。 4）除WTO水平承诺外，不做承诺	3）外资股份超过49%时，需经过下列额外的经济需求测试： a. 所提供课程对马来西亚来说是关键性课程，例如医学、牙医、工程、工商、科学和技术； b. 属于研究项目； c. 属于与当地机构合作研究项目； d. 外国学生的比例
泰国 B. 中等教育服务 国际和国内的学校教育服务，不包括成人和其他教育服务 （CPC 9221，9222）		1）不做承诺。 2）没有限制。 3）没有限制。 4）外国的自然人可以在泰国提供教育服务，但须满足以下条件： （1）外国自然人受到在泰国合法设立并注册的教育机构的邀请或雇用； （2）外国自然人具备相关教育机构所要求的资格和工作经验，在适当情况下，还应符合泰国教育部设定的其他相关标准。 首次入境的期限为一年或与聘用期相同，以较短者为准，可能获得延长。 其他要求与水平承诺的内容相同	1）不做承诺。 2）没有限制。 3）没有限制。 4）除水平承诺部分提出的以外，不做承诺。 申请许可经营的人必须在泰国有住所

续表

部门或分部门	市场准入限制	国民待遇限制	其他承诺
技术和职业教育服务（CPC 9223, 9224）	1）没有限制。 2）没有限制。 3）没有限制。 4）外国的自然人可以在泰国提供教育服务，但须满足以下条件： （1）外国自然人受到在泰国合法设立并注册的教育机构的邀请或雇用； （2）外国自然人具备相关教育机构所要求的资格和工作经验，在适当情况下，还应符合泰国教育部设定的其他相关标准。 首次入境的期限为一年或与聘用期相同，以较短者为准，可能获得延长。 其他要求与水平承诺的内容相同	1）没有限制。 2）没有限制。 3）没有限制。 4）除水平承诺部分提出的以外，不做承诺	
C. 高等教育服务（CPC 923）	1）不做承诺。 2）没有限制。 3）不做承诺。 4）外国的自然人可以在泰国提供教育服务，但须满足以下条件： （1）外国自然人受到在泰国合法设立并注册的教育机构的邀请或雇用； （2）外国自然人具备相关教育机构所要求的资格和工作经验	1）不做承诺。 2）没有限制。 3）不做承诺。 4）不做承诺	

续表

部门或分部门	市场准入限制	国民待遇限制	其他承诺
C. 高等教育服务（CPC 923）	在适当情况下，还应符合泰国教育部设定的其他相关标准。 首次入境的期限为一年或与聘用期相同，以较短者为准，可能获得延长。 其他要求与水平承诺的内容相同		
E. 其他教育服务 中文讲授服务（CPC92900 的一部分）	1）不做承诺。 2）没有限制。 3）不做承诺。 4）外国的自然人可以在泰国提供中文教学服务，但须满足以下条件： （1）外国自然人受到在泰国合法设立并注册的教育机构的邀请或雇用； （2）外国自然人具备相关教育机构所要求的资格和工作经验，在适当情况下，还应符合泰国教育部设定的其他相关标准。 首次入境的期限为一年或与聘用期相同，以较短者为准，可能获得延长。 其他要求与水平承诺的内容相同	1）不做承诺。 2）没有限制。 3）不做承诺。 4）不做承诺	

越南

本承诺表只涉及技术和技能、自然科学和技术、商务管理和研究、经济学、会计学、国际法和语言培训等领域的教育服务。

（C）（D）（E）三个分部门相关教育内容必须实现得到越南教育和培训部的审批

续表

部门或分部门	市场准入限制	国民待遇限制	其他承诺
B. 中等教育服务（CPC 922）	1）不做承诺。 2）没有限制。 3）不做承诺。 除水平承诺中的内容外，不做承诺	1）不做承诺。 2）没有限制。 3）不做承诺。 4）除水平承诺中的内容外，不做承诺	
C. 高等教育服务（CPC 923） D. 成人教育服务（CPC 924） E. 其他教育服务（CPC 929，包括外语培训服务）	1）不做承诺。 2）没有限制。 3）除以下规定外，没有限制： 自本协定生效之日起，只允许外国服务提供者在越南设立合资企业，但外方可以在合资企业中占多数股权。从 2009 年 1 月 1 日起，允许设立 100% 外商投资的教育实体。 本协定生效三年之后，取消所有限制性规定。 4）除水平承诺中的内容外，不做承诺	1）不做承诺。 2）没有限制。 3）在外商投资学校任职的外国教师必须有至少五年的执教经验，并获得权威主管部门的资质认可。 4）除水平承诺中的内容外，不做承诺	
柬埔寨 3. 高等教育（CPC 923） 4. 成人教育（CPC 924） 5. 其他教育服务（CPC 929）	1）没有限制。 2）没有限制。 3）没有限制。 4）除水平承诺中的内容外，不做承诺	1）没有限制。 2）没有限制。 3）没有限制。 4）除水平承诺中的内容外，不做承诺	柬埔寨将根据教育和专业服务市场的需要，努力建立与国际惯例相适应的独立的国家认证程序
新加坡 关于市场准入和国民待遇的任何服务提供方式的具体承诺，都不适用于以获得在新加坡职业工作许可、注册或资格为目的的大学学历认证			

续表

部门或分部门	市场准入限制	国民待遇限制	其他承诺
D. 成人教育服务 （CPC 924 n.e.c.）	1）没有限制。 2）没有限制。 3）没有限制。 4）除水平承诺中的内容外，不做承诺	1）没有限制。 2）没有限制。 3）没有限制。 4）不做承诺	
E. 短期培训服务，包括语言培训 （CPC 92900＊＊）	1）没有限制。 2）没有限制。 3）没有限制。 4）除水平承诺中的内容外，不做承诺	1）没有限制。 2）没有限制。 3）没有限制。 4）不做承诺	

★第64问：中国—韩国FTA相互做出了哪些教育服务承诺？

答：中国与韩国2015年6月签署FTA。在中国—韩国FTA中，我国在坚持加入WTO承诺的基础上，未就教育服务做出新的减让承诺。韩国承诺对我国开放高等教育服务和成人教育服务，具体如表4-4所示。

表4-4 中国—韩国FTA之韩国教育服务减让承诺

服务提供方式： 1）跨境交付 2）境外消费 3）商业存在 4）自然人移动/流动

部门或分部门	市场准入限制	国民待遇限制	其他承诺
5. 教育服务 C. 高等教育服务 （CPC 923＊） 高等教育服务指由获得政府或公共机构认证许可的私立高等教育机构提供高等教育服务，并授予学位。 不包括： 1）与健康和医学相关的教育	1）不做承诺。 2）在国内外其他高等教育机构获得认证的学分不得超过毕业所需总学分的一半。 3）只有获得教育部批准的学校法人才能在教育部授权范围内设立教育机构（公司内部高校不需要设立学校法人）。 只允许设立附件1中所列教育机构类型	1）不做承诺。 2）没有限制。 3）不做承诺。 4）除水平承诺中的内容外，不做承诺	

续表

部门或分部门	市场准入限制	国民待遇限制	其他承诺
2）培养未来学前、中小学老师的高等教育； 3）法律专业研究生教育； 4）广播、通信和网络大学教育	首尔市区内，除科技大学和公司内部高校外的任何高等教育机构的设立、延期或转让都可能受到限制。 专科院校、一般大学和产业大学校长认为有必要与其合作联合办学项目的合作机构仅限于获得国外公共认证机构或政府认可或推荐的大学。 在国内外其他高等教育机构获得认证的学分不得超过毕业所需总学分的一半。 教育部长会限制医学、药物学、兽医学、亚洲传统医药学、医疗技术学及学前、中小学教育学领域每年的学生数量，以及首尔市区内高等教育机构的数量。 4）除水平承诺中的内容外，不做承诺		
D. 成人教育服务（CPC924*） 成人教育服务由私立成人教育机构提供，不包括： 1）承认文凭，或授予国内外教育学分、学历或学位证书。 2）根据《劳动保险法》《改善工人和海员工作环境法》，由政府财政支持的职业培训服务。 3）通过广播提供的教育服务。 4）由政府授权机构专门提供的职业培训服务	1）对健康和医学相关的成人教育服务不做承诺。 2）没有限制。 3）只允许设立附件2中所列教育机构类型。 省级教育主管部门负责人可以调整私人辅导机构的学费。 首尔市区及其附近的教育机构的设立和（或）扩张可能受到限制。 4）除水平承诺中的内容外，不做承诺	1）与健康和医学相关的成人教育服务不做承诺。 2）没有限制。 3）不做承诺。 4）除水平承诺中的内容外，不做承诺。私立成人教育机构雇佣的外国讲师必须至少拥有学士学位或同等学位文凭，并居住在韩国	

✪ 第65问：中国—智利FTA相互做出了哪些教育服务承诺？

答：中国与智利于2006年1月签署FTA，于2017年11月签署升级版。在中国—智利FTA中，有关于教育合作的专门条款，即第一百零七条。该条规定，为实现达成的总体合作目标，缔约双方应适当地鼓励并便利各自相关教育机关、机构和组织适时在六大领域进行交流，并进一步明确了六大合作领域，具体如图4-1所示。

一、教育合作的目标是：
（一）基于缔约双方在教育领域现有的合作协定或安排；
（二）促进缔约双方在教育领域的联系网络、相互理解和紧密的工作关系。
二、为实现第一百零四条所列目标，缔约双方应适当地鼓励并便利各自相关教育机关、机构和组织适时在如下领域进行交流：
（一）教育质量保障进展；
（二）各个层次的在线和远程教育；
（三）初等和中等教育体系；
（四）高等教育；
（五）技术教育；
（六）为技术培训的产业合作。
三、教育合作的重点可放在：
（一）信息、教具和演示材料的交流；
（二）在达成一致的领域内计划与项目的共同规划和执行，以及目标活动的联合协调；
（三）本科和研究生教育中协作培训、合作研发活动的发展；
（四）符合缔约双方共同利益的项目中相关教学人员、行政人员、研究人员和学生的交流；
（五）增进对各缔约方的教育系统和政策的理解，包括有关各类学历的解释和评估的信息，由此，在高等教育机构间可能就学分转换和学历互认的可行性进行讨论；
（六）合作开发创新的质量保障资源以支持学习和评估，以及教师和培训员在培训领域的专业发展。

图4-1 中国—智利FTA第一百零七条 教育

我国在坚持加入WTO承诺的基础上，未就教育服务做出新的减让承诺。智利承诺对我国开放中等岗位技术和职业教育服务，以及成人教育服务，具体如表4-5所示。

四、现状篇

表4-5 中国—智力FTA之智利教育服务减让承诺

服务提供方式: 1）跨境交付 2）境外消费 3）商业存在 4）自然人移动/流动

部门或分部门	市场准入限制	国民待遇限制	其他承诺
教育服务（92）			
a. 中等岗位技术和职业教育服务（CPC 9231）	1）没有限制。 2）没有限制。 3）没有限制。 4）除水平承诺中的内容外，不做承诺	1）没有限制。 2）没有限制。 3）没有限制。 4）除水平承诺中的内容外，不做承诺	
b. 成人教育服务（CPC 924）	1）没有限制。 2）没有限制。 3）没有限制。 4）除水平承诺中的内容外，不做承诺	1）没有限制。 2）没有限制。 3）没有限制。 4）除水平承诺中的内容外，不做承诺	

值得注意的是，在2017年11月签署的升级版FTA中，智利就教育服务承诺市场准入之模式三增加了新的限制，将原来的"没有限制"修改为"没有限制，但要求有具体的法律实体"。

第66问：中国—秘鲁FTA相互做出了哪些教育服务承诺？

答：中国与秘鲁于2009年4月签署FTA。在中国—秘鲁FTA中，有关于教育合作的专门条款，即第一百五十四条。该条规定，为实现FTA合作目标，缔约双方应鼓励各自教育机构、学院和组织在五大域进行交流，并进一步明确了九大合作领域，具体如图4-2所示。

一、教育合作的宗旨：
（一）巩固教育合作现有的协议和安排；
（二）促进缔约方在教育领域的网络交流、相互理解和紧密的工作关系。
二、为了达到第一条的目标，缔约双方应鼓励各自教育相关机构、学院和组织在以下领域进行相互间和内部的交流，并适当地提供便利条件：
（一）教育质量保障进程；
（二）学前、初级和中级教育体系；

图4-2 中国—秘鲁FTA第一百五十四条 教育

(三)高等教育;
(四)技术教育;
(五)为技术培训的产业合作。
三、缔约双方应重点鼓励:
(一)信息、教具和演示材料的交流;
(二)在双方认可的领域内共同设计和执行项目,并在共识的领域协调项目活动;
(三)本科和研究生教育中协作培训、合作研发活动的发展;
(四)双方高等教育学院机构教学人员、研究员和学生在学术项目之间的交流合作;
(五)增进对各缔约方的教育系统和政策更好地理解,包括资格评估方面的信息;
(六)开发创新的质量保障资源;
(七)支持研究和评估的方式、方法,以及教师或培训人员的职业发展;
(八)加强高等教育机构与其事业单位的合作,提高劳动力市场所需的专业知识和技能水平;
(九)教育统计方面信息系统的发展。

图 4-2 中国—秘鲁 FTA 第一百五十四条 教育(续)

我国在坚持加入 WTO 承诺的基础上,未就教育服务做出新的减让承诺。秘鲁承诺对我国开放各级教育服务,但是开放水平不高,具体如表 4-6 所示。

表 4-6 中国—秘鲁 FTA 之秘鲁教育服务减让承诺

服务提供方式: 1)跨境交付 2)境外消费 3)商业存在 4)自然人移动/流动

部门或分部门	市场准入限制	国民待遇限制	其他承诺
教育服务:(本部分承诺不适用于公共教育和公共培训服务)			
A. 小学教育服务(CPC 921)	1)不做承诺。 2)不做承诺。 3)不做承诺。 4)不做承诺	1)不做承诺。 2)不做承诺。 3)没有限制。 4)不做承诺	
B. 中学教育服务(CPC 922)	1)不做承诺。 2)不做承诺。 3)不做承诺。 4)不做承诺	1)不做承诺。 2)不做承诺。 3)没有限制。 4)不做承诺	
C. 高等教育服务(CPC 923)	1)不做承诺。 2)不做承诺。 3)不做承诺。 4)不做承诺	1)不做承诺。 2)不做承诺。 3)没有限制。 4)不做承诺	

四、现状篇

续表

部门或分部门	市场准入限制	国民待遇限制	其他承诺
D. 成人教育服务（CPC 924）	1）不做承诺。 2）不做承诺。 3）不做承诺。 4）不做承诺。	1）不做承诺。 2）不做承诺。 3）没有限制。 4）除水平承诺中的内容外，不做承诺	
E. 其他教育服务（CPC 929） 仅指： - 烹饪培训中心 - 语言培训中心（包括中文培训中心） - 中国武术培训中心	1）不做承诺。 2）不做承诺。 3）不做承诺。 4）不做承诺。	1）不做承诺。 2）不做承诺。 3）没有限制。 4）不做承诺。	

★第67问：中国—哥斯达黎加FTA相互做出了哪些教育服务承诺？

答：中国与哥斯达黎加于2011年8月签署FTA。在中国—哥斯达黎加FTA中，我国在坚持加入WTO承诺基础上，未就教育服务做出新的减让承诺。哥斯达黎加承诺对我国开放各级教育服务，但是开放水平不高，具体如表4-7所示。

表4-7 中哥FTA之哥斯达黎加教育服务减让承诺

服务提供方式： 1）跨境交付 2）境外消费 3）商业存在 4）自然人移动/流动

部门或分部门	市场准入限制	国民待遇限制	其他承诺
教育服务：（仅包括由私有资金支持的教育服务）			
A. 初等教育服务（CPC 921） B. 中等教育服务（CPC 922） C. 高等教育服务（CPC 923） D. 成人教育服务（CPC 924） E. 其他教育服务（CPC 929）	1）不做承诺。 2）没有限制。 3）不做承诺。 4）除水平承诺中的内容外，不做承诺	1）不做承诺。 2）没有限制。 3）不做承诺。 4）除水平承诺中的内容外，不做承诺	

教育服务贸易精要

✪ 第68问：中国—瑞士FTA相互做出了哪些教育服务承诺？

答：中国与瑞士于2013年7月签署FTA。在中国—瑞士FTA中，我国在坚持加入WTO承诺基础上，未就教育服务做出新的减让承诺。瑞士承诺对我国较高水平开放各级教育服务，具体如表4-8所示。

表4-8 中国—瑞士FTA之瑞士教育服务减让承诺

服务提供方式： 1）跨境交付 2）境外消费 3）商业存在 4）自然人移动/流动

部门或分部门	市场准入限制	国民待遇限制	其他承诺
教育服务：私人教育服务			
A. 义务教育服务（小学和中学Ⅰ阶段）（CPC 921部分和922部分）	1）不做承诺。 2）不做承诺。 3）没有限制。 4）不做承诺	1）不做承诺。 2）不做承诺。 3）没有限制。 4）不做承诺	
B. 非义务教育阶段的中学教育服务（中学Ⅱ阶段）（CPC 922部分）	1）没有限制。 2）没有限制。 3）没有限制。 4）除Ⅰ部分中的内容外，不做承诺	1）没有限制。 2）没有限制。 3）没有限制。 4）除Ⅰ部分中的内容外，不做承诺	
C. 高等教育服务（CPC 923部分）	1）没有限制。 2）没有限制。 3）没有限制。 4）除Ⅰ部分中的内容外，不做承诺	1）没有限制。 2）没有限制。 3）没有限制。 4）除Ⅰ部分中的内容外，不做承诺	
D. 成人教育服务（CPC 924部分）	1）没有限制。 2）没有限制。 3）没有限制。 4）除Ⅰ部分中的内容外，不做承诺	1）没有限制。 2）没有限制。 3）没有限制。 4）除Ⅰ部分中的内容外，不做承诺	
E. 其他教育服务 包括： -汉语 -烹饪 （CPC 929部分）	1）没有限制。 2）没有限制。 3）没有限制。 4）除Ⅰ部分中的内容外，不做承诺	1）没有限制。 2）没有限制。 3）没有限制。 4）除Ⅰ部分中的内容外，不做承诺	

四、现状篇

✪ 第69问：中国—冰岛FAT相互做出了哪些教育服务承诺？

答：中国与冰岛于2013年4月签署FTA。在中国—冰岛FTA中，冰岛对我国没有开放教育服务，我国在坚持加入WTO承诺的基础上，未就教育服务做出新的减让承诺。但是，在中国—冰岛FTA中包含专门的教育条款，即第九十八条。该条就双方教育合作明确了5个主要领域，具体如图4-3所示。

一、双方应适当地鼓励其各个层次的学校和其他与教育有关的机构之间的交流。
二、教育合作可以集中在以下领域：
（一）信息、教具和演示材料的交流；
（二）在达成一致的领域内计划与项目的共同规划和执行，以及目标活动的联合协调；
（三）本科生和研究生教育中协作培训、合作研发活动的发展；
（四）符合双方共同利益的项目中相关教学人员、行政人员、研究人员和学生的交流；
（五）增进对彼此的教育系统、教育法律和政策的理解，包括有关各类学历的解释和评估的信息。

图4-3　中国—冰岛FTA第九十八条　教育

✪ 第70问：中国—格鲁吉亚于FTA相互做出了哪些教育服务承诺？

答：中国与格鲁吉亚于2017年5月签署FTA。在中国—格鲁吉亚FTA中，我国在坚持加入WTO承诺基础上，未就教育服务做出新的减让承诺。格鲁吉亚承诺对我国开放初等、中等、高等和成人教育服务，具体如表4-9所示。

表4-9 中国与格鲁吉亚FTA之格鲁吉亚教育服务减让承诺

服务提供方式: 1) 跨境交付 2) 境外消费 3) 商业存在 4) 自然人移动/流动

部门或分部门	市场准入限制	国民待遇限制	其他承诺
教育服务:			
A. 初等教育服务（CPC 921）	1) 没有限制。 2) 没有限制。 3) 没有限制。 4) 除水平承诺中的内容外,不做承诺	1) 没有限制。 2) 没有限制。 3) 没有限制。 4) 除水平承诺中的内容外,不做承诺	
B. 中等教育服务 仅限私营（CPC 922）	1) 没有限制。 2) 没有限制。 3) 没有限制。 4) 除水平承诺中的内容外,不做承诺	1) 没有限制。 2) 没有限制。 3) 没有限制。 4) 除水平承诺中的内容外,不做承诺	
C. 高等教育服务 仅限私营（CPC 923）	1) 没有限制。 2) 没有限制。 3) 没有限制。 4) 除水平承诺中的内容外,不做承诺	1) 没有限制。 2) 没有限制。 3) 没有限制。 4) 除水平承诺中的内容外,不做承诺	
D. 成人教育服务（CPC 924）	1) 没有限制。 2) 没有限制。 3) 没有限制。 4) 除水平承诺中的内容外,不做承诺	1) 没有限制。 2) 没有限制。 3) 没有限制。 4) 除水平承诺中的内容外,不做承诺	

✪ 第71问：中国—巴基斯坦FTA相互做出了哪些教育服务承诺？

答：中国与巴基斯坦于2006年11月签署FTA,于2019年4月签署第二阶段协议。在中国—巴基斯坦FTA中,我国在坚持加入WTO承诺基础上,未就教育服务做出新的减让承诺。巴基斯坦承诺对我国开放高等教育、

四、现状篇

成人教育和其他教育服务,具体如表4-10所示。

表4-10 中国与巴基斯坦FTA之巴基斯坦教育服务减让承诺

服务提供方式: 1) 跨境交付 2) 境外消费 3) 商业存在 4) 自然人移动/流动

部门或分部门	市场准入限制	国民待遇限制	其他承诺
教育服务:			
C. 高等教育服务(CPC 923)公立机构除外	1) 没有限制,但高等教育提供者提供的跨境项目、学位和资格服务必须由巴基斯坦高等教育委员会承认。 2) 没有限制。 3) 允许建立外资拥有多数股权的合资企业,但须经有关主管部门批准。 4) 除水平承诺中的内容外,不做承诺	1) 没有限制。 2) 没有限制。 3) 不做承诺 4) 除水平承诺中的内容外,不做承诺 1),2),3),4)补贴不做承诺	
D. 成人教育(CPC 924) E. 其他教育服务(CPC 929)	1) 没有限制。 2) 没有限制。 3) 允许建立外资拥有多数股权的合资企业,但须经有关主管部门批准。 4) 除水平承诺中的内容外,不做承诺	1) 没有限制。 2) 没有限制。 3) 不做承诺 4) 除水平承诺中的内容外,不做承诺。 1),2),3),4)补贴不做承诺	

☆第72问:中国—柬埔寨FTA相互做出了哪些教育服务承诺?

答:中国与柬埔寨于2020年10月签署FTA。在中国—柬埔寨FTA中,我国在坚持加入WTO承诺基础上,明确成人教育服务(CPC 924)承诺范围包括美容、水疗、针灸的非学历培训,其他教育服务(CPC 929)承诺范围包括英语、烹调和工艺制作的非学历培训。柬埔寨在WTO承诺的基础上并未对我国做出新的开放承诺,具体如表4-11所示。

表4-11　中国—柬埔寨FTA之柬埔寨教育服务减让承诺

服务提供方式：　1）跨境交付　2）境外消费　3）商业存在　4）自然人移动/流动

部门或分部门	市场准入限制	国民待遇限制	其他承诺
教育服务：			
C. 高等教育服务（CPC 923） D. 成人教育（CPC 924） E. 其他教育服务（CPC 929）	1）没有限制。 2）没有限制。 3）没有限制。 4）除水平承诺中内容外，不做承诺	1）没有限制。 2）没有限制。 3）没有限制。 4）除与市场准入栏中所指类别的自然人有关的措施外，不做承诺	柬埔寨将根据教育和专业服务市场的需要，努力建立与国际惯例相适应的独立的国家认证程序

第73问：中国—尼加拉瓜FTA相互做出了哪些教育服务承诺？

答：尼加拉瓜位于中美洲，于2021年12月与中国恢复外交关系，于2023年8月与中国签署FTA。在中国—尼加拉瓜FTA中，双方以负面清单模式对相关领域做出了开放承诺。中方的开放承诺中包括教育服务，尼方的开放承诺中没有相关内容。中方的教育服务包括附件一之条目12和条目13以及附件二之条目19，具体如表4-12~表4-14所示。

表4-12　附件一：跨境服务贸易和投资不符措施（条目12—教育）

部门	教育
所涉义务	投资国民待遇（第十一章第二条） 投资高级管理人员和董事会（第十一章第九条）
政府层级	中央
措施	《中华人民共和国教育法》（2015），第二十一条、第二十二条、第二十三条、第二十五条、第七十条、第八十五条； 《中华人民共和国中外合作办学条例》（2003），第六条、第七条、第二十一条、第二十三条、第三十五条、第三十八条、第四十二条、第四十三条、第四十四条、第四十八条、第六十二条； 《外商投资准入特别管理措施（负面清单）（2021年版）》，第二十二条、第二十三条； 《鼓励外商投资产业目录（2022年版）》，第五百零二条

续表

描述	投资 1. 外国教育机构、其他组织或者个人不得在中国境内单独设立以中国公民为主要招生对象的学校及其他教育机构。 2. 中外合作办学者不得举办实施义务教育和实施军事、警察、政治等特殊性质教育的机构。 3. 外国宗教组织、宗教机构、宗教院校和宗教教职人员不得在中国境内从事合作办学活动。中外合作办学机构不得进行宗教教育和开展宗教活动。 4. 学前、普通高中和高等教育机构限于中外合作办学，须由中方主导（校长或者主要行政负责人应当具有中国国籍，理事会、董事会或者联合管理委员会的中方组成人员不得少于1/2）。 5. 外国投资者不得投资教育质量认证服务

表 4–13 附件一：跨境服务贸易和投资不符措施（条目13—考试服务）

部门	教育服务
所涉义务	投资和跨境服务国民待遇（第十一章第二条、第八章第二条） 跨境服务市场准入（第八章第四条）
政府层级	中央
措施	《中外合作举办教育考试暂行管理办法》（1996），第二条、第三条、第五条、第十一条。 《劳动和社会保障部关于对引进国外职业资格证书加强管理的通知》（1998）
描述	投资和跨境服务贸易 1. 境外机构只能在国务院教育行政部门批准的情况下，与中国教育考试机构合作举办非学历教育考试。 2. 外国投资者或服务提供者在中国境内开展职业资格证书考试和发证活动，须与中国的职业资格证书机构、有关行业组织、社会团体或其他相应机构合作开展

表 4–14 附件二：跨境服务贸易和投资不符措施（条目19—教育）

部门	教育
所涉义务	跨境服务国民待遇（第八章第二条） 跨境服务市场准入（第八章第四条） 跨境服务当地存在（第八章第五条）

	续表
描述	跨境服务贸易 中国保留对任何跨境在线教育等以跨境交付方式提供的教育服务采取或维持任何措施的权利①

★第74问：中国—RCEP成员相互做出了哪些教育服务承诺？

答：中国与日本、韩国、澳大利亚、新西兰及东盟10国于2020年11月15日签署区域全面经济伙伴关系协定（RCEP）。在RCEP之"服务贸易与投资"章节中，15位成员均对教育服务做出了开放承诺。其中澳大利亚采用了负面清单+正面清单混合模式，日本、韩国、新加坡、印度尼西亚、马来西亚、文莱采用了负面清单模式，新西兰、中国、泰国、越南、菲律宾、老挝、柬埔寨、缅甸采用了正面清单模式，具体承诺如下。

1. 澳大利亚RECP教育服务承诺

澳大利亚有权采取或维持与提供执法和惩戒服务以及以下服务有关的任何措施（只要这些服务是为公共目的而建立或维持的社会服务），包括公共教育、公共培训和儿童护理。澳大利亚保留在初等教育方面采取或维持任何措施的权利。

教育服务市场准入限制如表4－15所示。

表4－15 教育服务市场准入限制

服务提供方式： 1）跨境交付 2）境外消费 3）商业存在

部门或分部门	市场准入限制
B. 中等教育服务（CPC 922＊＊，包括私立普通中等教育及技术和职业教育机构） C. 高等教育服务（CPC 923＊＊，包括提供含大学水平的私立高等教育服务） E. 其他教育服务（CPC 929＊＊，包括英语及其他语言教学和考试，烹饪、传统疗法（包括按摩、针灸）、音乐、舞蹈和武术课程）	1）没有限制。 2）没有限制。 3）没有限制

---

① 尽管有本条目，中方将不会采取或维持任何措施违反中方在《服务贸易总协定》项下纳入的关于市场准入和国民待遇的具体承诺。

2. 日本 RECP 教育服务承诺

日本保留采取或维持与中小学教育服务投资或提供有关的任何措施的权利。在日本，作为正规教育提供的高等教育服务必须由正规教育机构提供。正规教育机构必须由学校法人设立。"正规教育机构"是指小学、初中、中学、义务教育学校、高中、大学、专科学校、理工学院、特殊需要教育学校、幼儿园以及幼儿教育和保育综合中心。"学校法人"是指根据日本法律法规为提供教育服务而设立的非营利法人。

3. 韩国 RECP 教育服务承诺

私立高等教育机构董事会成员中至少有 50% 必须是韩国国民。如果一个外国人贡献了高等教育机构至少 50% 的基本财产，则该机构董事会成员中最多可有 2/3 为外国人，但不包括 2/3。"基本财产"是指房地产、公司章程指定为基本财产的财产，根据董事会决定纳入基本财产的财产以及机构的年度预算盈余公积。只有经教育部长批准的非营利学校法人才能在韩国建立高等教育机构（清单 B 所列类型的机构除外）。教育部长可限制医学、药理学、兽医学、亚洲传统医学、医疗技术、学前、小学和中学教师高等教育以及首尔市区高等教育机构每年的学生总数。"首尔都市区"包括首尔都市、仁川都市和京畿道。只有韩国中央或地方政府可以设立高等教育机构，培训小学教师。只有中央政府可以设立高等教育机构，通过广播向公众提供高等教育服务。除科技大学和公司内大学外，任何新设立、扩展或转让高等教育机构的行为都可能会受到首尔大都市区的限制。与初级学院、大学和工业大学开展的联合教育计划仅限于获得外国公共认证机构认证或获得其政府认可或推荐的外国大学，以及在大学（初级学院）校长认为必要的领域。从其他高等教育机构获得的学分，无论是本国的还是外国的，只要这些学分不超过毕业所需总学分的一半，就予以承认。

外国人可在韩国设立的成人教育机构类型限于：①与终身教育和职业教育相关的成人私立教学机构（Hag-won）；②不迟于本协议生效之日。终身成人教育设施的运营目的不是承认学历或授予文凭，其包括附属于工作场所、非政府组织、学校和媒体组织的教育设施以及与开发知识和人力资源有关的教育设施。所有这些都是为成年人设立的。Hag-won 是指为 10 人或 10 人以上提供 30 天或更长时间的终身或职业教育相关科目辅导服务的机构。私人成人教学机构聘请的外籍讲师必须至少拥有学士学位或同等学历,并居住在韩国。首尔大都市地区培训设施的建立、扩展和转让可能受到限制。为了透明起见,省教育办公室的主管可以在非歧视的基础上监管Hag-won的学费。另外,提供职业能力发展培训服务的人员必须在韩国设立办事处。

4. 新加坡RECP教育服务承诺

新加坡政府保留采取或维持任何影响新加坡公民提供小学、普通中学和高中(仅适用于新加坡教育体系下的初级学院和大学预科中心)教育服务的措施的权利,包括体育教育服务。只有根据议会法案或教育部指定的地方高等教育机构才允许在新加坡开办本科或研究生课程,以培训医生。目前,只有新加坡国立大学和南洋理工大学被允许为新加坡的医生培训本科或研究生课程。

5. 印度尼西亚RECP教育服务承诺

关于中等技术与职业教育服务(电子、汽车)(CPC 92230):印度尼西亚政府保留就第8.1条(定义)第(r)(iii)项中定义的服务贸易采取或维持任何措施的权利,该措施要求通过商业存在以合资企业的形式供应,但须符合以下条件:

(1)要求相关机构之间就学分、课程和认证达成相互承认协议。

(2)国外教育服务供应商必须与国内合作伙伴建立合作关系。

(3)外语教师必须是母语为印尼语的人。

(4)外国教育服务供应商必须在教育和文化部的认证外国教育名单中列出,其国内合作伙伴必须获得认证。

(5)外国教育服务供应商与国内合作伙伴可在雅加达、泗水、万隆、日惹和棉兰等城市开设教育机构。

(6)商业存在应以Yayasan(基金会)的形式建立。

(7)教育工作者人数应至少包括30%的印度尼西亚教育工作者。

(8)除教育工作者和负责人以外的雇员人数应至少包括80%的印度尼西亚国民。

关于高中后技术与职业教育服务(机电学院)(CPC 92310):印度尼西亚政府保留就第8.1条(定义)第(r)(iii)项中定义的服务贸易采取或维持任何措施的权利,该措施要求通过商业存在以合资企业的形式供应,

但须符合以下条件:

(1) 外国投资者在合资企业中的持股比例不得超过 51%。

(2) 要求相关机构之间就学分、课程和认证达成相互承认协议。

(3) 国外教育服务供应商必须与国内合作伙伴建立合作关系。

(4) 外语教师必须是母语为印尼语的人。

(5) 外国教育服务供应商必须在教育和文化部的认证外国教育名单中列出,其国内合作伙伴必须获得认证。

(6) 外国教育服务供应商与国内合作伙伴可在雅加达、泗水、万隆、日惹和棉兰等城市开设教育机构。

(7) 商业存在应以 Yayasan 的形式建立。

(8) 教育工作者人数应至少包括 30% 的印度尼西亚教育工作者。

(9) 教育工作者和校长以外的雇员人数应至少包括 80% 的印度尼西亚国民。

(10) 外国服务供应商的许可要求可能与适用于印度尼西亚服务供应商的许可要求不同。

关于语言及培训类成人教育服务(CPC 924)和足球及国际象棋类其他教育服务(CPC 92900):印度尼西亚政府保留对第 8.1 条(定义)第(r)(iii)项中定义的服务贸易采取或维持任何措施的权利,该措施要求通过商业存在以合资企业的形式供应,但须符合以下条件:

(1) 要求相关机构之间就学分、课程和认证达成相互承认协议。

(2) 国外教育服务供应商必须与国内合作伙伴建立合作关系。

(3) 外语教师必须是母语为印尼语的人。

(4) 外国教育服务供应商必须在教育和文化部的认证外国教育名单中列出,其国内合作伙伴必须获得认证。

(5) 外国教育服务供应商与国内合作伙伴可在雅加达、泗水、万隆、日惹和棉兰等城市开设教育机构。

(6) 商业存在应以 Yayasan 的形式建立。

(7) 教育工作者人数应至少包括 30% 的印度尼西亚教育工作者。

(8) 除教育工作者和负责人以外的雇员人数应至少包括 80% 的印度尼西亚国民。

6. 马来西亚 RECP 教育服务承诺

教育服务、技能培训中心和职业机构只能由在马来西亚注册成立并经授权的教育服务供应商提供。马来西亚政府保留采取或维持与下列事项有关的任何措施的权利：

（1）幼儿园。

（2）涵盖马来西亚国家课程的中小学教育服务。

（3）宗教学校。

（4）远程学习。

（5）学费中心。

（6）军事训练教育。

（7）高等教育服务包括公立高等教育机构、护理教育、理工学院、社区学院、军事研究和宗教研究。

7. 文莱 RECP 教育服务承诺

关于私立教育服务：文莱政府保留为文莱公民采取或维持与提供私立教育服务有关的任何措施的权利，包括：

（1）外国国民或公司持有的学校和高等教育机构的股权。

（2）文莱可能设立的学校和高等教育机构总数。

（3）员工总数，包括教师。

（4）高级管理人员或董事会的国籍。

关于课时不超过三个月的私立成人教育和其他教育服务（外语培训中心）：

第一，外国国民或企业不得通过商业存在提供成人教育服务，除非：

（1）通过在文莱达鲁萨兰国设立的一家合资企业，该外国国民或企业在提供成人教育服务的任何此类企业中拥有的股权不超过49%。

（2）外国雇员不超过劳动力的10%。

第二，外国人或外国企业不得通过商业存在提供外语培训中心，除非：

（1）通过在文莱达鲁萨兰国成立的合资企业，外国国民或企业在提供外语培训服务的任何此类企业中拥有的股权不超过49%。

（2）任何此类企业的大多数高级管理人员都是文莱公民。

关于初等、中等、高等教育服务和国际学校，文莱政府保留采取或维持与文莱公民教育服务供给相关的任何措施的权利。

8. 新西兰 RECP 教育服务承诺（表4-16）

表4-16　新西兰 RECP 教育服务承诺

服务提供方式：　1）跨境交付　2）境外消费　3）商业存在　4）自然人移动/流动

部门或分部门	市场准入限制	国民待遇限制	其他承诺
教育服务			
私立初等、中等、高等教育服务（CPC 921，CPC 922，CPC 923） 其他教育服务，仅限下列领域：即私立专门语言学校提供的语言培训，在新西兰义务教育体系之外由私立专门学校提供的初等和中等水平学科教学（CPC 929＊＊）	1）没有限制。 2）没有限制。 3）没有限制。 4）除水平承诺中内容外，不做承诺	1）没有限制。 2）没有限制。 3）没有限制。 4）除水平承诺中内容外，不做承诺	

9. 中国 RECP 教育服务承诺（表4-17）

表4-17　中国 RECP 教育服务承诺

服务提供方式：　1）跨境交付　2）境外消费　3）商业存在　4）自然人移动/流动

部门或分部门	市场准入限制	国民待遇限制	其他承诺
教育服务			
（不包括特殊教育服务，如军事、警察、政治和党校教育） A. 初等教育服务（CPC 921，不包括 CPC 92190 中的国家义务教育） B. 中等教育服务（CPC 922，不包括 CPC 92210 中的国家义务教育） C. 高等教育服务（CPC 923） D. 成人教育服务（CPC 924，包括美容、水疗、针灸的非学历培训） E. 其他教育服务（CPC 929，包括以下非学历培训： 　a 英语 　b 烹调 　c 工艺制作）	1）不做承诺。 2）没有限制。 3）允许外国投资合作办学，允许外方持有多数股权。 4）除水平承诺中内容和下列内容外，不做承诺：外国个人教育服务提供者受中国学校和其他教育机构邀请或雇佣，可入境提供教育服务	1）不做承诺。 2）没有限制。 3）不做承诺。 4）资格如下：具有学士或以上学位；具有相应的专业技术职称或证书；具有2年专业工作经验	

10. 泰国 RECP 教育服务承诺（表 4-18）

表 4-18 泰国 RECP 教育服务承诺

服务提供方式： 1）跨境交付 2）境外消费 3）商业存在 4）自然人移动/流动

部门或分部门	市场准入限制	国民待遇限制	其他承诺
5. 教育服务（公共教育服务除外） 本附表中的承诺受以下一般条件约束： 对任一服务提供方式之市场准入和国民待遇做出的具体承诺，不得解释为适用于承认泰国高等教育、就业或专业实践的入学、注册和资格。 服务供应商可能需要向有关当局进行通知或登记			
A. 初等教育服务 （CPC921＊＊） 国际和国内的学校教育服务 （CPC 9219）	1）不做承诺。 2）没有限制。 3）详见水平承诺第 3.1 节。 4）不做承诺	1）没有限制。 2）没有限制。 3）申请执照的法人代表必须是泰国国籍。 学校校长和副校长必须是泰国国籍。 学校经理或执行经理必须是泰国国籍。 4）不做承诺	
B. 中等教育服务 （CPC922＊＊） 普通中等教育服务（CPC9221） 高中教育服务（CPC9222） 技术与职业教育服务（CPC9223） 残障学生技术与职业教育服务（CPC9224）	1）没有限制。 2）没有限制。 3）详见水平承诺第 3.1 节。 4）不做承诺	1）没有限制。 2）没有限制。 3）申请执照的法人代表必须是泰国国籍。 学校校长和副校长必须是泰国国籍。 学校经理或执行经理必须是泰国国籍。 4）不做承诺	

续表

部门或分部门	市场准入限制	国民待遇限制	其他承诺
C. 高等教育服务 高中后技术与职业教育服务（CPC9231）	1）没有限制。 2）没有限制。 3）详见水平承诺第3.1节。至少一半董事，如适用，其常务董事必须是泰国国籍。 4）不做承诺	1）没有限制。 2）没有限制。 3）申请执照的法人代表必须是泰国国籍。 学校校长和副校长必须是泰国国籍。 学校经理或执行经理必须是泰国国籍。 4）不做承诺	
科技创新学院（英语授课，CPC9239之一部）	1）没有限制。 2）没有限制。 3）允许外方拥有100%股权，但必须满足下列条件。 外国人拥有或控制的法人实体，在取得执照或许可证之前，必须符合有关当局的要求标准。 有限公司或法人实体应满足泰国法律法规中规定的最低资本比率。 4）不做承诺	1）不做承诺。 2）没有限制。 3）大学理事会至少有一半成员必须是泰国国籍，而且大学必须遵守《私立高等教育机构法》B.E. 2546（2003）。 4）不做承诺	
其他高等教育服务（英语授课，CPC9239）	1）没有限制。 2）没有限制。 3）详见水平承诺第3.1节。至少一半董事，如适用，其常务董事必须是泰国国籍。 4）不做承诺	1）不做承诺。 2）没有限制。 3）大学理事会至少有一半成员必须是泰国国籍，而且大学必须遵守《私立高等教育机构法》B.E. 2546（2003）。 4）不做承诺	

续表

部门或分部门	市场准入限制	国民待遇限制	其他承诺
D. 成人教育服务专业和（或）短期课程教育服务（CPC 92440）	1）不做承诺。 2）没有限制。 3）详见水平承诺第3.1节。 4）不做承诺	1）没有限制。 2）没有限制。 3）申请执照的法人代表必须是泰国国籍。学校校长和副校长必须是泰国国籍；学校经理或执行经理必须是泰国国籍。 4）不做承诺	
E. 其他教育服务（CPC92900＊＊）外语教学服务（CPC92900＊＊）	1）不做承诺。 2）没有限制。 3）详见水平承诺第3.1节。至少一半董事，如适用，其常务董事必须是泰国国籍。 4）不做承诺	1）没有限制。 2）没有限制。 3）申请执照的法人代表必须是泰国国籍。学校校长和副校长必须是泰国国籍；学校经理或执行经理必须是泰国国籍。 4）不做承诺	

11. 越南 RECP 教育服务承诺（表 4-19）

表 4-19 越南 RECP 教育服务承诺

服务提供方式： 1）跨境交付 2）境外消费 3）商业存在 4）自然人移动/流动

部门或分部门	市场准入限制	国民待遇限制	其他承诺
教育服务： 本承诺表只涉及技术和技能、自然科学和技术、商务管理和研究、经济学、会计学、国际法和语言培训等领域的教育服务。 在（C）（D）（E）三个分部门中，相关教育内容必须实现得到越南教育和培训部的审批			
B. 中等教育服务（CPC 922）	1）不做承诺。 2）没有限制。 3）不做承诺。 4）除附件Ⅳ（自然人临时移动具体承诺减让表）中所做承诺外，不做承诺	1）不做承诺。 2）没有限制。 3）不做承诺。 4）除附件Ⅳ（自然人临时移动具体承诺减让表）中所做承诺外，不做承诺	

续表

部门或分部门	市场准入限制	国民待遇限制	其他承诺
C. 高等教育服务（CPC 923） D. 成人教育服务（CPC 924） E. 其他教育服务（CPC 929，包括外语培训服务）	1）不做承诺。 2）没有限制。 3）没有限制。 4）除附件IV（自然人临时移动具体承诺减让表）中所做承诺外，不做承诺	1）不做承诺。 2）没有限制。 3）在外商投资学校任职的外国教师必须有至少五年的执教经验，并获得权威主管部门的资质认可。 4）除附件IV（自然人临时移动具体承诺减让表）中所做承诺外，不做承诺	

12. 菲律宾RECP教育服务承诺（见表4-20）

表4-20 菲律宾RECP教育服务承诺

服务提供方式： 1）跨境交付 2）境外消费 3）商业存在 4）自然人移动/流动

部门或分部门	市场准入限制	国民待遇限制	其他承诺
教育服务：			
C. 高等教育服务（CPC 923）	1）不做承诺。 2）没有限制。 3）除下列情况外，不做承诺。 （详见表后注释） 4）不做承诺	1）不做承诺。 2）没有限制。 3）除下列情况外，不做承诺：教育机构的控制和管理权归菲律宾公民所有，并应遵守高等教育委员会关于高等学位课程运营的法律、法规和条例。水平承诺中列出的限制也应适用。 4）不做承诺	
D. 成人教育服务（CPC 924*）	1）没有限制。 2）不做承诺。 3）没有限制。 4）不做承诺	1）没有限制。 2）不做承诺。 3）没有限制。 4）不做承诺	

[注：高等教育服务之模式（3）市场准入限制具体承诺为"除下列情况外，不做承诺"：如果教育机构的控制和管理权属于菲律宾公民，则允许外资参股达40%。然而，国会可能要求菲律宾增加对所有教育机构的公平参与。]

不得专门为外国人设立教育机构,任何学校的入学人数不得超过三分之一。这不适用于为外国外交人员及其家属和其他外国临时居民开办的学校,除非法律另有规定。

外国高等教育机构根据授权与合格的菲律宾大学或学院签订跨国高等教育协议,通过提供奖学金、师生交流、合作交流、短期与长期培训、课程开发与强化、图书馆与实验室改善、文化交流等措施,在农业、工业、环境和自然资源管理、工程、建筑、科学技术、健康等相关领域提供本科生、研究生和研究生学位课程,并需满足以下条件:

(1) 高等教育委员会仅授权具有至少二级认证资格的高等教育机构与外国高校实施跨国高等教育合作。

(2) 遵守国际项目的国际优秀标准。

(3) 跨国高等教育协议应提交高等教育委员会评估和批准。

(4) 菲律宾高等教育机构与外国高等教育机构之间的跨国高等教育安排应定期审查,评估和验证是质量保证机制的一部分,以确保遵守国际课程的卓越国际标准。

根据《菲律宾修订公司法》的规定,任何私立学校都必须成立为非股份制教育公司。水平承诺中列出的限制也应适用。

13. 老挝 RECP 教育服务承诺(表 4-21)

表 4-21 老挝 RECP 教育服务承诺

服务提供方式: 1) 跨境交付 2) 境外消费 3) 商业存在 4) 自然人移动/流动

部门或分部门	市场准入限制	国民待遇限制	其他承诺
私立教育服务: 教育课程和内容必须经老挝人民民主共和国教育部批准。 关于 C 和 D,承诺仅涵盖技术、自然科学和技术、工商管理和商业研究、经济学、会计学、国际法和语言培训领域。 私立教育服务的范围仅涉及完全私人资助的服务			
A. 初等教育服务(CPC 921) (CPC 921 之一部) B. 中等教育服务(CPC 922) (CPC 922 之一部)	1) 不做承诺。 2) 没有限制。 3) 外资持股限制在 51%。 4) 除水平承诺中内容外,不做承诺	1) 不做承诺。 2) 没有限制。 3) 董事必须是作为老挝公民的合格教师。 4) 除水平承诺中内容外,不做承诺	

续表

部门或分部门	市场准入限制	国民待遇限制	其他承诺
C. 高等教育服务（CPC 923） （CPC 923 之一部） D. 成人教育（CPC 924） （CPC 924 之一部） E. 其他教育服务（CPC 929） 仅限短期外语培训项目 （CPC 929 之一部）	1）没有限制。 2）没有限制。 3）外资持股限制在51%。 4）除水平承诺中内容外，不做承诺	1）没有限制。 2）没有限制。 3）董事必须是作为老挝公民的合格教师。 4）除水平承诺中内容外，不做承诺	

14. 柬埔寨 RECP 教育服务承诺（表4-22）

表4-22 柬埔寨 RECP 教育服务承诺

服务提供方式： 1）跨境交付 2）境外消费 3）商业存在 4）自然人移动/流动

部门或分部门	市场准入限制	国民待遇限制	其他承诺
教育服务：			
C. 高等教育服务（CPC 923） D. 成人教育（CPC 924） E. 其他教育服务（CPC 929）	1）没有限制。 2）没有限制。 3）没有限制。 4）除水平承诺中内容外，不做承诺	1）没有限制。 2）没有限制。 3）没有限制。 4）除水平承诺中内容外，不做承诺	柬埔寨将根据教育和专业服务市场的需要，努力建立与国际惯例相适应的独立国家认证程序

15. 缅甸 RECP 教育服务承诺（表4-23）

表4-23 缅甸 RECP 教育服务承诺

服务提供方式： 1）跨境交付 2）境外消费 3）商业存在 4）自然人移动/流动

部门或分部门	市场准入限制	国民待遇限制	其他承诺
教育服务：			
A. 初等教育服务（CPC 921） 学前教育服务（CPC9211） 其他初等教育服务（CPC9219）	1）没有限制。 2）没有限制。 3）遵照教育部规章制度。 4）不做承诺	1）没有限制。 2）没有限制。 3）没有限制。 4）不做承诺	

续表

部门或分部门	市场准入限制	国民待遇限制	其他承诺
B. 中等教育服务（CPC 922） 普通中等教育服务（CPC9221） 中等技术与职业教育服务（CPC9223） 残障学生中等技术与职业教育服务（CPC9224）	1）没有限制。 2）没有限制。 3）遵照教育部规章制度。 4）不做承诺	1）没有限制。 2）没有限制。 3）没有限制。 4）不做承诺	
C. 高等教育服务（CPC 923） 高中后教育服务（CPC9231,92310） 其他高等教育服务（CPC9239,92390）	1）没有限制。 2）没有限制。 3）遵照教育部规章制度。 4）不做承诺	1）没有限制。 2）没有限制。 3）没有限制。 4）不做承诺	
D. 成人教育（CPC 924） 专业与短期课程教育服务。 语言课程与培训。 商务课程	1）没有限制。 2）没有限制。 3）遵照教育部规章制度。 4）不做承诺	1）没有限制。 2）没有限制。 3）没有限制。 4）不做承诺	
E. 其他教育服务（CPC 929） 技能培训服务，包括提供以下新技术和新兴技术的技术、监督和生产相关职能层面的培训： （1）自动化制造技术； （2）先进材料技术； （3）生物技术； （4）电子； （5）其他信息技术服务； （6）航空电子设备	1）没有限制。 2）没有限制。 3）遵照教育部规章制度。 4）不做承诺	1）没有限制。 2）没有限制。 3）没有限制。 4）不做承诺	

⭐ 第75问：内地—港澳CEPA相互做出了哪些教育服务承诺？

答：2003年，内地与香港、澳门特区政府分别签署了《关于建立更紧密经贸关系的安排》（CEPA）。CEPA是我国加入WTO后第一个全面实施的

四、现状篇

自由贸易协议。CEPA 实施后,几乎每年都有新的补充和修改。在 2015 年补充修订中,首次采用负面清单模式,并第一次涵盖教育服务领域。另外,为推动服务贸易自由化发展,在 CEPA 的基础上,内地分别与香港、澳门特区政府于 2014 年签署了《关于内地在广东与香港/澳门基本实现服务贸易自由化的协议》,俗称广东协议。广东协议作为 CEPA 的一部分,采用了负面清单模式,并涵盖教育服务。在 2019 年最近一次补充修订的协议中,内地对香港和澳门做出了如表 4-24 所示的教育服务开放承诺。

表 4-24　内地向香港/澳门开放服务贸易的具体承诺
——对商业存在保留的限制性措施(负面清单)

部门	5. 教育服务
分部门	A. 初级教育服务(CPC921)
所涉及的义务	国民待遇
保留的限制性措施	商业存在 1. 设立以内地中国公民为主要招生对象的学校及其他教育机构限于合作。 2. 不得投资义务教育机构、宗教教育机构。 为明晰起见,在广东设立独资外籍人员子女学校,招生范围除在内地持有居留证件的外籍人员的子女,可扩大至在广东工作的海外华侨和归国留学人才的子女
分部门	B. 中等教育服务(CPC922)
所涉及的义务	国民待遇
保留的限制性措施	商业存在 1. 设立以内地中国公民为主要招生对象的学校及其他教育机构限于合作①。 2. 不得投资义务教育机构、宗教教育机构。 为明晰起见,在广东设立独资外籍人员子女学校,招生范围除在内地持有居留证件的外籍人员的子女,可扩大至在广东工作的海外华侨和归国留学人才的子女
分部门	C. 高等教育服务(CPC923)
所涉及的义务	国民待遇

---

① 允许在内地独资举办非学历中等职业技能培训机构,招生范围比照内地职业技能培训机构执行。

续表

保留的限制性措施	商业存在 1. 设立以内地中国公民为主要招生对象的学校及其他教育机构限于合作①。 2. 不得投资宗教教育机构
分部门	D. 成人教育服务（CPC924）
所涉及的义务	国民待遇
保留的限制性措施	商业存在 不得投资宗教教育机构
分部门	E. 其他教育服务（CPC929）
所涉及的义务	国民待遇
保留的限制性措施	商业存在 不得投资宗教教育机构

另外，在2019年补充修订协议中，内地对澳门承诺的跨境服务开放措施（正面清单）中包含教育服务内容，具体如表4-25所示。

表4-25 跨境服务开放措施（正面清单）

部门或分部门	5. 教育服务
	C. 高等教育服务（CPC923）
具体承诺	1. 允许广东省对本省普通高校招收澳门学生实施备案。 2. 允许具备在内地招生资质的澳门院校在遵守内地招生工作要求的前提下提高招收内地生的限额，积极扩大在粤港澳大湾区招收内地学生限额

★第76问：截至2023年12月，中国已设立哪些FTZ？

答：为进一步扩大开放，适应国际贸易发展新趋势，推动完善开放型经济体制机制，中国政府从2013年开始启动FTZ建设，统一命名为"中国（××）自由贸易试验区"。截至2023年12月，分7批共批准建设了22个

---

① 在内地独资举办非学历高等职业技能培训机构，招生范围比照内地职业技能培训机构执行。

四、现状篇

自由贸易试验区(包括若干片区),具体涵盖上海、广东、天津、福建、辽宁、浙江、河南、湖北、重庆、四川、陕西、海南、山东、江苏、广西、河北、云南、黑龙江、北京、湖南、安徽、新疆等省(直辖市、自治区),其中海南岛全岛规划建成自由贸易港。目前,我国沿海省市已经全部建立了自由贸易试验区,根据2020年《政府工作报告》,2020年还将在中西部地区增设自贸试验区、综合保税区。在自由贸易试验区内聚焦转变政府职能,投资领域改革,贸易转型升级,金融开放创新,创新驱动发展,服务"一带一路"建设等重点领域,广泛引进了国际贸易新规则,如"准入前国民待遇+负面清单"管理模式、竞争中性原则和透明度原则等。我国22个自贸区/自贸港具体片区及目标定位一览详见表4-26。

表4-26 我国22个自贸区/自贸港具体片区及目标定位一览

(截至2023年12月)

名称	片区	目标定位
上海自贸区	• 外高桥保税区 • 外高桥保税物流园区 • 洋山保税港区 • 浦东机场综合保税区 • 陆家嘴金融片区 • 金桥开发片区 • 张江高科技片区 ——7片区合计120.72平方千米 • 临港新片区 • 先期启动119.5平方千米,整体规划873平方千米	总体:率先建立符合国际化和法治化要求的跨境投资和贸易规则体系,使试验区成为我国进一步融入经济全球化的重要载体,为我国扩大开放和深化改革探索新思路和新途径,更好地为全国服务。对照国际最高标准和最好水平,全面深化改革开放,加快构建开放型经济新体制,在新一轮改革开放中进一步发挥引领示范作用。形成经济转型发展新动能和国际竞争新优势,探索一级地方政府管理体制创新,加强改革系统集成,力争取得更多可复制推广的制度创新成果,彰显全面深化改革和扩大开放试验田作用。 临港新片区:建成具有较强国际市场影响力和竞争力的特殊经济功能区,形成更加成熟定型的制度成果,打造全球高端资源要素配置的核心功能,成为我国深度融入经济全球化的重要载体。对标国际公认竞争力最强的自由贸易园区,打造更具国际市场影响力和竞争力的特殊经济功能区,参照经济特区管理
天津自贸区	• 天津港片区(含东疆保税港区) • 天津机场片区(含天津港保税区空港部分和滨海新区综合保税区)	总体:为全面深化改革和扩大开放探索新途径、积累新经验,努力成为京津冀协同发展高水平对外开放平台、全国改革开放先行区和制度创新试验田、面向世界的高水平自由贸易园区,在京津冀协同发展和我国经济转型发展中发挥示范引领作用。努力将自贸试验区打造成为服务"一带一路"建设和京津冀协同发展的高水平对外开放平台,取得更多可复制可推广的

续表

名称	片区	目标定位
天津自贸区	• 滨海新区中心商务片区（含天津港保税区海港部分和保税物流园区） ——计119.9平方千米	制度创新成果。率先建立同国际投资和贸易通行规则相衔接的制度体系，形成法治化、国际化、便利化营商环境，努力构筑开放型经济新体制，增创国际竞争新优势，建设京津冀协同发展示范区。 天津港片区：重点发展航运物流、国际贸易、融资租赁等现代服务业。 天津机场片区：重点发展航空航天、装备制造、新一代信息技术等高端制造业和研发设计、航空物流等生产性服务业。 滨海新区中心商务片区：重点发展以金融创新为主的现代服务业
广东自贸区	• 广州南沙新区片区（含广州南沙保税港区） • 深圳前海蛇口片区（含深圳前海湾保税港区） • 珠海横琴新区片区 ——计116.2平方千米	总体：为全面深化改革和扩大开放探索新途径、积累新经验，建设成为粤港澳深度合作示范区、21世纪海上丝绸之路重要枢纽和全国新一轮改革开放先行地。率先构建开放型经济新体制，形成经济转型发展新动能和国际竞争新优势，推动提升我国参与全球经济治理的影响力和话语权。率先对标国际投资和贸易通行规则，建立与国际航运枢纽、国际贸易中心和金融业对外开放试验示范窗口相适应的制度体系，打造开放型经济新体制先行区、高水平对外开放门户枢纽和粤港澳大湾区合作示范区。 广州南沙新区片区：建设以生产性服务业为主导的现代产业新高地和具有世界先进水平的综合服务枢纽。 深圳前海蛇口片区：建设我国金融业对外开放试验示范窗口、世界服务贸易重要基地和国际性枢纽港。 珠海横琴新区片区：建设文化教育开放先导区和国际商务服务休闲旅游基地，打造促进澳门经济适度多元发展新载体
福建自贸区	• 平潭片区 • 厦门片区（含象屿保税区、象屿保税物流园区和厦门海沧保税港区） • 福州片区（含福州保税区、福州出口加工区和福州保税	总体：为深化两岸经济合作探索新模式，为加强与21世纪海上丝绸之路沿线国家和地区的交流合作拓展新途径，为我国全面深化改革和扩大开放积累新经验，建成改革创新试验田、深化两岸经济合作示范区、建设21世纪海上丝绸之路核心区，打造面向21世纪海上丝绸之路沿线国家和地区开放合作新高地。率先建立同国际投资和贸易通行规则相衔接的制度体系，形成法治化、国际化、便利化营商环境，打造开

四、现状篇

续表

名称	片区	目标定位
福建自贸区	港区） ——计 118.04 平方千米	放和创新融为一体的综合改革试验区、深化两岸经济合作示范区和面向21世纪海上丝绸之路沿线国家和地区开放合作新高地。 平潭片区：重点建设两岸共同家园和国际旅游岛，在投资贸易和资金人员往来方面实施更加自由便利的措施。 厦门片区：重点建设两岸新兴产业和现代服务业合作示范区、东南国际航运中心、两岸区域性金融服务中心和两岸贸易中心。 福州片区：重点建设先进制造业基地、21世纪海上丝绸之路沿线国家和地区交流合作的重要平台、两岸服务贸易与金融创新合作示范区
浙江自贸区	• 舟山离岛片区（含舟山港综合保税区区块二） • 舟山岛北部片区（含舟山港综合保税区区块一） • 舟山岛南部片区 • 宁波片区（含宁波梅山综合保税区、宁波北仑港综合保税区、宁波保税区） • 杭州片区（含杭州综合保税区） • 金义片区（含义乌综合保税区、金义综合保税区） ——计 239.45 平方千米	总体：建成东部地区重要海上开放门户示范区、国际大宗商品贸易自由化先导区和具有国际影响力的资源配置基地，初步建成自由贸易港区先行区。 着力打造以油气为核心的大宗商品资源配置基地、新型国际贸易中心、国际航运和物流枢纽、数字经济发展示范区和先进制造业集聚区。 舟山离岛片区：鱼山岛重点建设国际一流的绿色石化基地，鼠浪湖岛、黄泽山岛、双子山岛、衢山岛、小衢山岛、马迹山岛重点发展油品等大宗商品储存、中转、贸易产业，海洋锚地重点发展保税燃料油供应服务。 舟山岛北部片区：重点发展油品等大宗商品贸易、保税燃料油供应、石油石化产业配套装备保税物流、仓储、制造等产业。 舟山岛南部片区：重点发展大宗商品交易、航空制造、零部件物流、研发设计及相关配套产业，建设舟山航空产业园，着力发展水产品贸易、海洋旅游、海水利用、现代商贸、金融服务、航运、信息咨询、高新技术等产业。 宁波片区：建设连接内外、多式联运、辐射力强、成链集群的国际航运枢纽，打造具有国际影响力的油气资源配置中心、国际供应链创新中心、全球新材料科创中心、智能制造高质量发展示范区。 杭州片区：打造全国领先的新一代人工智能创新发展试验区、国家金融科技创新发展试验区和全球一流

续表

名称	片区	目标定位
浙江自贸区		的跨境电商示范中心，建设数字经济高质量发展示范区。 金义片区：打造世界"小商品之都"，建设国际小商品自由贸易中心、数字贸易创新中心、内陆国际物流枢纽港、制造创新示范地和"一带一路"开放合作重要平台
河南自贸区	● 郑州片区（含河南郑州出口加工区A区、河南保税物流中心） ● 开封片区 ● 洛阳片区 ——计119.77平方千米	总体：建成高水平高标准自由贸易园区，为全面深化改革和扩大开放探索新途径、积累新经验，引领内陆经济转型发展。加快建设贯通南北、连接东西的现代立体交通体系和现代物流体系，将自贸试验区建设成为服务于"一带一路"建设的现代综合交通枢纽、全面改革开放试验田和内陆开放型经济示范区。 郑州片区：打造多式联运国际性物流中心，发挥服务"一带一路"建设的现代综合交通枢纽作用。 开封片区：打造服务贸易创新发展区和文创产业对外开放先行区，促进国际文化旅游融合发展。 洛阳片区：打造国际智能制造合作示范区，推进华夏历史文明传承创新区建设
湖北自贸区	● 武汉片区（含武汉东湖综合保税区） ● 襄阳片区（含襄阳保税物流中心〔B型〕） ● 宜昌片区 ——计119.96平方千米	总体：建成高水平高标准自由贸易园区，全力打造区域经济发展新引擎，为全面深化改革和扩大开放探索新途径、积累新经验，在实施中部崛起战略和推进长江经济带发展中发挥示范作用。努力成为中部有序承接产业转移示范区、战略性新兴产业和高技术产业集聚区、全面改革开放试验田和内陆对外开放新高地。 武汉片区：重点发展新一代信息技术、生命健康、智能制造等战略性新兴产业和国际商贸、金融服务、现代物流、检验检测、研发设计、信息服务、专业服务等现代服务业。 襄阳片区：重点发展高端装备制造、新能源汽车、大数据、云计算、商贸物流、检验检测等产业。 宜昌片区：重点发展先进制造、生物医药、电子信息、新材料等高新产业及研发设计、总部经济、电子商务等现代服务业

续表

名称	片区	目标定位
重庆自贸区	• 两江片区（含重庆两路寸滩保税港区） • 西永片区（含重庆西永综合保税区、重庆铁路保税物流中心〔B型〕） • 果园港片区 ——计119.98平方千米	总体：建成高水平高标准自由贸易园区，建成"一带一路"和长江经济带互联互通重要枢纽、西部大开发政策重要支点，建成服务于"一带一路"建设和长江经济带发展的国际物流枢纽和口岸高地，推动构建西部地区门户城市全方位开放新格局，带动西部大开发深入实施，为全面深化改革和扩大开放探索新途径、积累新经验。 两江片区：着力打造高端产业与高端要素集聚区。 西永片区：着力打造加工贸易转型升级示范区。 果园港片区：着力打造多式联运物流转运中心
四川自贸区	• 成都天府新区片区（含成都高新综合保税区区块四〔双流园区〕、成都空港保税物流中心〔B型〕） • 成都青白江铁路港片区（含成都铁路保税物流中心〔B型〕） • 川南临港片区（含泸州港保税物流中心〔B型〕） ——计119.99平方千米	总体：建成高水平高标准自由贸易园区，建成西部门户城市开发开放引领区、内陆开放战略支撑带先导区、国际开放通道枢纽区、内陆开放型经济新高地、内陆与沿海沿边沿江协同开放示范区。积极培育内陆地区参与国际经济合作竞争新优势，全力打造区域协调发展新引擎，为全面深化改革和扩大开放探索新途径、积累新经验，在打造内陆开放型经济高地、深入推进西部大开发和长江经济带发展中发挥示范作用。 成都天府新区片区：建设国家重要的现代高端产业集聚区、创新驱动发展引领区、开放型金融产业创新高地、商贸物流中心和国际性航空枢纽，打造西部地区门户城市开放高地。 成都青白江铁路港片区：打造内陆地区联通丝绸之路经济带的西向国际贸易大通道重要支点。 川南临港片区：建设成为重要区域性综合交通枢纽和成渝城市群南向开放、辐射滇黔的重要门户
陕西自贸区	• 中心片区（含陕西西安出口加工区A区、B区、西安高新综合保税区和陕西西咸保税物流中心〔B型〕） • 西安国际港务区片区（含西安综合保税区） • 杨凌示范区片区 ——计119.95平方千米	总体：建成高水平高标准自由贸易园区，为全面深化改革和扩大开放探索新途径、积累新经验，努力将自贸试验区建设成为全面改革开放试验田、内陆型改革开放新高地、"一带一路"经济合作和人文交流重要支点。 中心片区：打造面向"一带一路"的高端产业高地和人文交流高地。 西安国际港务区片区：建设"一带一路"国际中转内陆枢纽港、开放型金融产业创新高地及欧亚贸易和人文交流合作新平台。 杨凌示范区片区：打造"一带一路"现代农业国际合作中心

续表

名称	片区	目标定位
海南自贸区/自贸港	海南岛全岛（3.54万平方千米）	突出制度集成创新，建立与高水平自由贸易港相适应的政策制度体系，高质量高标准建设自由贸易港，建设具有国际竞争力和影响力的海关监管特殊区域，全面建成具有较强国际影响力的高水平自由贸易港，打造成为我国面向太平洋和印度洋的重要对外开放门户，打造成为引领我国新时代对外开放的鲜明旗帜和重要开放门户，成为我国开放型经济新高地
山东自贸区	• 济南片区 • 青岛片区（含青岛前湾保税港区、青岛西海岸综合保税区） • 烟台片区（含烟台保税港区区块二） ——计 119.98 平方千米	总体：建成高标准高质量自由贸易园区，建成新时代改革开放的新高地，形成更多有国际竞争力的制度创新成果。 济南片区：开展开放型经济新体制综合试点试验，建设全国重要的区域性经济中心、物流中心和科技创新中心。 青岛片区：打造东北亚国际航运枢纽、东部沿海重要的创新中心、海洋经济发展示范区。 烟台片区：打造中韩贸易和投资合作先行区、海洋智能制造基地、国家科技成果和国际技术转移转化示范区
江苏自贸区	• 南京片区 • 苏州片区（含苏州工业园综合保税区） • 连云港片区（含连云港综合保税区） ——计 119.97 平方千米	总体：建成高标准高质量自由贸易园区，建成新时代改革开放的新高地，形成更多有国际竞争力的制度创新成果，着力打造开放型经济发展先行区、实体经济创新发展和产业转型升级示范区。 南京片区：建设具有国际影响力的自主创新先导区、现代产业示范区和对外开放合作重要平台。 苏州片区：建设世界一流高科技产业园区，打造全方位开放高地、国际化创新高地、高端化产业高地、现代化治理高地。 连云港片区：建设亚欧重要国际交通枢纽、集聚优质要素的开放门户、"一带一路"沿线国家（地区）交流合作平台

续表

名称	片区	目标定位
广西自贸区	• 南宁片区（含南宁综合保税区） • 钦州港片区（含钦州保税港区） • 崇左片区（含凭祥综合保税区） ——计 119.99 平方千米	总体：建成高标准高质量自由贸易园区，建成新时代改革开放的新高地，形成更多有国际竞争力的制度创新成果，着力建设西南中南西北出海口、面向东盟的国际陆海贸易新通道，形成21世纪海上丝绸之路和丝绸之路经济带有机衔接的重要门户。 南宁片区：打造面向东盟的金融开放门户核心区和国际陆海贸易新通道重要节点。 钦州港片区：打造国际陆海贸易新通道门户港和向海经济集聚区。 崇左片区：打造跨境产业合作示范区，构建国际陆海贸易新通道陆路门户
河北自贸区	• 雄安片区 • 正定片区（含石家庄综合保税区） • 曹妃甸片区（含曹妃甸综合保税区） • 大兴机场片区 ——计 119.97 平方千米	总体：建成高标准高质量自由贸易园区，建成新时代改革开放的新高地，形成更多有国际竞争力的制度创新成果，积极承接北京非首都功能疏解和京津科技成果转化，着力建设国际商贸物流重要枢纽、新型工业化基地、全球创新高地和开放发展先行区。 雄安片区：建设高端高新产业开放发展引领区、数字商务发展示范区、金融创新先行区。 正定片区：建设航空产业开放发展集聚区、生物医药产业开放创新引领区、综合物流枢纽。 曹妃甸片区：建设东北亚经济合作引领区、临港经济创新示范区。 大兴机场片区：建设国际交往中心功能承载区、国家航空科技创新引领区、京津冀协同发展示范区
云南自贸区	• 昆明片区（含昆明综合保税区） • 红河片区 • 德宏片区 ——计 119.86 平方千米	总体：建成高标准高质量自由贸易园区，建成新时代改革开放的新高地，形成更多有国际竞争力的制度创新成果，着力打造"一带一路"和长江经济带互联互通的重要通道，建设连接南亚的东南亚大通道的重要节点，推动形成我国面向南亚的东南亚的辐射中心、开放前沿。 昆明片区：建设面向南亚的东南亚的互联互通枢纽、信息物流中心和文化教育中心。 红河片区：全力打造面向东盟的加工制造基地、商贸物流中心和中越经济走廊创新合作示范区。 德宏片区：打造沿边开放先行区、中缅经济走廊的门户枢纽

续表

名称	片区	目标定位
黑龙江自贸区	• 哈尔滨片区 • 黑河片区 • 绥芬河片区（含绥芬河综合保税区） ——计119.85平方千米	总体：建成高标准高质量自由贸易园区，建成新时代改革开放的新高地，形成更多有国际竞争力的制度创新成果，打造针对俄罗斯及东北亚区域合作的中心枢纽。 哈尔滨片区：建设对俄罗斯及东北亚全面合作的承载高地和联通国内、辐射欧亚的国家物流枢纽，打造东北全面、全方位振兴的增长极和示范区。 黑河片区：建设跨境产业集聚区和边境城市合作示范区，打造沿边口岸物流枢纽和中俄交流合作重要基地。 绥芬河片区：建设商品进出口储运加工集散中心和面向国际陆海通道的陆上边境口岸型国家物流枢纽，打造中俄战略合作及东北亚开放合作的重要平台
北京自贸区	• 科技创新片区 • 国际商务服务片区（含北京天竺综合保税区） • 高端产业片区 ——计119.68平方千米	总体：助力建设具有全球影响力的科技创新中心，加快打造服务业扩大开放先行区、数字经济试验区，着力构建京津冀协同发展的高水平对外开放平台。 科技创新片区：打造数字经济试验区、全球创业投资中心、科技体制改革先行示范区。 国际商务片区：打造临空经济创新引领示范区。 高端产业片区：建设科技成果转换承载地、战略性新兴产业集聚区和国际高端功能机构集聚区
湖南自贸区	• 长沙片区（含长沙黄花综合保税区） • 岳阳片区（含岳阳城陵矶综合保税区） • 郴州片区（含郴州综合保税区） ——计119.76平方千米	总体：发挥东部沿海地区和中西部地区过渡带、长江经济带和沿海开放经济带结合部的区位优势，着力打造世界级先进制造业集群、联通长江经济带和粤港澳大湾区的国际投资贸易走廊、中非经贸深度合作先行区和内陆开放新高地。 长沙片区：打造全球高端装备制造业基地、内陆地区高端现代服务业中心、中非经贸深度合作先行区和中部地区崛起增长极。 岳阳片区：打造长江中游综合性航运物流中心、内陆临港经济示范区。 郴州片区：打造内陆地区承接产业转移和加工贸易转型升级重要平台以及湘粤港澳合作示范区

四、现状篇

续表

名称	片区	目标定位
安徽自贸区	• 合肥片区（含合肥经济技术开发区综合保税区） • 芜湖片区（含芜湖综合保税区） • 蚌埠片区 ——计 119.86 平方千米	总体：发挥在推进"一带一路"建设和长江经济带发展中的重要节点作用，推动科技创新和实体经济发展深度融合，加快推进科技创新策源地建设、先进制造业和战略性新兴产业集聚发展，形成内陆开放新高地。 合肥片区：打造具有全球影响力的综合性国家科学中心和产业创新中心引领区。 芜湖片区：打造战略性新兴产业先导区、江海联运国际物流枢纽区。 蚌埠片区：打造世界级硅基和生物基制造业中心、皖北地区科技创新和开放发展引领区
新疆自贸区	• 乌鲁木齐片区（含新疆生产建设兵团第十二师，乌鲁木齐综合保税区） • 喀什片区（含新疆生产建设兵团第三师，喀什综合保税） • 霍尔果斯片区（含新疆生产建设兵团第四师，霍尔果斯综合保税区） ——计 179.66 平方千米	总体：努力打造促进中西部地区高质量发展的示范样板，构建新疆融入国内国际双循环的重要枢纽，服务"一带一路"核心区建设，助力创建亚欧黄金通道和我国向西开放的桥头堡，为共建中国—中亚命运共同体做出积极贡献。 乌鲁木齐片区：打造与中亚等周边国家交流合作的重要平台。 喀什片区：打造联通中亚、南亚等市场的商品加工集散基地。 霍尔果斯片区：打造跨境经贸投资合作新样板

✪ 第 77 问：我国 FTZ 目前有哪些教育开放举措？

答：我国在建 22 个 FTZ 教育服务总体开放水平不高，尽管 22 个 FTZ 均包含有教育开放举措，但是教育服务并不构成试验区重点关注领域。我国于 2013 年启动自由贸易试验区建设，国务院于 2013 年 9 月 18 日发布《中国（上海）自由贸易试验区总体方案》，提出扩大服务业开放，教育领域的开放举措仅有允许举办中外合作经营性培训机构（包括教育培训机构和职业技能培训机构）。国务院于 2015 年印发首份《自由贸易试验区外商投资准入特别管理措施（负面清单)》（简称《自贸试验区负面清单》），后经4次修订，在2019年版中对教育做出如下规定：

（1）学前、普通高中和高等教育机构限于中外合作办学，须由中方主导［校长或者主要行政负责人应当具有中国国籍（且在中国境内定居），理事会、董事会或者联合管理委员会的中方组成人员不得少于1/2］［外国教育机构、其他组织或者个人不得单独设立以中国公民为主要招生对象的学校及其他教育机构（不包括非学制类职业技能培训），但是外国教育机构可以同中国教育机构合作举办以中国公民为主要招生对象的教育机构］。

（2）禁止投资义务教育机构、宗教教育机构。上述规定总体上并没有超出我国加入WTO的承诺水平。在国务院印发的各个试验区建设方案中，有一些关于教育服务的突破举措或地方追求，主要包括如下9个方面：

①部分自贸试验区将教育作为扩大开放重点领域，如上海自贸区视教育为"高端服务领域"（2017），临港新片区和海南自贸区将教育列为加大开放力度的"重点领域"（2019）。

②部分自贸试验区明确提出建设教育国际化综合改革试验区，如天津自贸区和河南自贸区分别提出部市（部省）合作共建教育国际化综合改革试验区，引进境外教育资源，开展中外合作办学。广东自贸区珠海横琴新区片区规划建成文化教育开放先导区，海南自贸区规划建设国际教育创新岛（2020年中央文件进一步聚焦为"理工农医类国际教育创新岛"），陕西自贸区中心片区规划打造面向"一带一路"的人文交流高地，云南自贸区昆明片区规划建设面向南亚和东南亚的文化教育中心。

③引进境外资源，开展中外合作办学。山东、海南、天津、河南、湖北、辽宁自贸区均明确提出引进开展中外合作办学的设想。

④允许外国留学生毕业后直接在FTZ工作。这是较大幅度的政策突破，从2017年开始，允许"获得硕士及以上学位的"优秀外国留学生毕业后直接在FTZ工作。2019年，部分FTZ允许在中国高校毕业的优秀留学生留下来就业或创业，并且降低了对学历的要求。

⑤允许外商独资经营性培训机构或独立办学。2019年以后，相关自贸区允许外商独资设立经营性教育培训和职业技能培训机构。2020年《海南自由贸易港建设总体方案》提出："允许境外理工农医类高水平大学、职业院校在海南自由贸易港独立办学。"2021年6月通过的《中华人民共和国海南自由贸易港法》的第40条明确规定："境外高水平大学、职业院校可以

在海南自由贸易港设立理工农医类学校"。这是迄今为止我国自贸区教育服务领域在政策方面最大的突破。

⑥为国际人才子女提供入学便利，如设立外籍人员子女学校等。

⑦开展人文交流活动。聚焦服务"一带一路"建设，开展人文交流活动是2017年以后自贸试验区一个新的工作重点，如陕西自贸区定位建设"一带一路"经济合作和人文交流重要支点，并在自贸试验区设立国际汉唐学院和中国书法学院。重庆自贸区规划建设中德、中韩等国际经贸、产业、人文合作平台等。

⑧试点跨境交付教育服务贸易。根据商务部等十八部委于2019年给海南自贸区关于试点其他自贸试验区施行政策的通知，自贸试验区"在合适领域分层次逐步取消或放宽对跨境交付、自然人移动等模式的服务贸易限制措施"。跨境交付教育服务贸易如何试点，备受关注。四川自贸区2017年允许境外服务提供者以跨境交付形式提供管理培训、咨询服务。

⑨开展专业特色培训服务。如浙江自贸试验区引进飞行驾驶培训，四川自贸区和辽宁自贸区开展船员培训等，更多试验区则规划与港澳开展人才培训合作，共同开发第三方市场。总之，在迄今为止的自贸试验区建设中，关于教育服务更加关注服务试验区营商环境和能力建设，服务"一带一路"建设，较少考虑教育服务贸易本身发展；各地有较多引进境外资源开展合作办学的诉求，但是较少考虑教育服务对外输出情况；有关部门对于在自贸试验区内扩大教育服务贸易仍然十分谨慎。

◎第78问：中国（上海）FTZ具体有哪些教育开放举措？

答：中国（上海）FTZ成立于2013年9月，含上海外高桥保税区、上海外高桥保税物流园区、洋山保税港区和上海浦东机场综合保税区4个海关特殊监管区域。2015年4月，其扩展到陆家嘴金融片区、金桥开发片区和张江高科技片区。2019年7月，其进一步扩展到临港新片区。根据国务院2013年公布的FTZ建设方案可知，涉及教育开放的有两条，即允许举办中外合作经营性教育培训机构和允许举办中外合作经营性职业技能培训机构。2013—2014年，上海市政府专门发布自贸区投资准入负面清单，有关

教育服务贸易精要

教育开放的清单具体有以下三条:

(1) 投资经营性教育培训机构、职业技能培训机构须合作。

(2) 投资非经营性学前教育、中等职业教育、普通高中教育、高等教育等教育机构,以及非经营性教育培训机构、职业技能培训机构仅限合作,不允许设立分支机构。

(3) 禁止投资义务教育,以及军事、警察、政治、宗教和党校等特殊领域教育机构;禁止投资经营性学前教育、中等职业教育、普通高中教育、高等教育等教育机构。从2015年起,地方政府不再制定当地自贸区投资负面清单,改由国家发展改革委和商务部统一制定《自由贸易试验区外商投资准入特别管理措施》(即自贸区投资负面清单),对所有自贸区适用。

在2019年自贸区投资负面清单中,关于教育的负面清单是这样表述的,即:

(1) 学前、普通高中和高等教育机构限于中外合作办学,须由中方主导[校长或者主要行政负责人应当具有中国国籍(且在中国境内定居),理事会、董事会或者联合管理委员会的中方组成人员不得少于1/2][外国教育机构、其他组织或者个人不得单独设立以中国公民为主要招生对象的学校及其他教育机构(不包括非学制类职业技能培训),但是外国教育机构可以同中国教育机构合作举办以中国公民为主要招生对象的教育机构]。

(2) 禁止投资义务教育机构、宗教教育机构。

另外,国务院于2015年和2017年印发的深化上海自贸区改革开放方案中,先后提出了"全面推进科研院所、高等教育等领域体制机制改革""加快推进教育卫生等高端服务领域贸易便利化"的改革设想。在国务院于2019年印发的临港新片区总体方案中,明确将教育作为"重点领域"之一,提出要加大对外开放力度,放宽注册资本、投资方式等限制,促进各类市场主体公平竞争。同时,还提出要进一步拓宽国际优质资本和经验进入教育、医疗、文化、体育等公共服务领域的渠道。

⭐ 第79问:中国(广东)FTZ具体有哪些教育开放举措?

答:中国(广东)FTZ成立于2015年4月,含广州南沙新区片区、深

四、现状篇

圳前海蛇口片区和珠海横琴新区片区。2015年总体方案中有关教育领域的开放举措包括：

（1）珠海横琴新区片区重点发展文化科教和高新技术等产业，建设文化教育开放先导区。

（2）加强与港澳特区在人才培训等方面的交流合作。

（3）允许港澳服务提供者在自贸试验区设立自费出国留学中介服务机构。2018年的深化改革开放方案中进一步提出建立外国高层次人才子女入学服务通道。

☆第80问：中国（天津）FTZ具体有哪些教育开放举措？

答：中国（天津）FTZ成立于2015年4月，含天津港片区、天津机场片区和滨海新区中心商务片区。2015年总体方案中有关教育领域的开放举措包括：

（1）推动科研机构、高校、企业协同创新。

（2）推动教育部、天津市共建教育国际化综合改革试验区，支持引进境外优质教育资源，开展合作办学。在2018年的深化改革开放方案中进一步提出，在风险可控的前提下，加快推进教育卫生等高端服务领域的贸易便利化。在合适的领域分层次逐步放宽或取消对跨境交付、自然人移动等模式服务贸易的限制措施。

☆第81问：中国（福建）FTZ具体有哪些教育开放举措？

答：中国（福建）FTZ成立于2015年4月，含平潭片区、厦门片区和福州片区。在2015年总体方案中，有关教育领域的开放举措包括推进服务贸易对台更深度开放，促进闽台服务要素自由流动；探索台湾专业人才在自贸试验区内行政企事业单位、科研院所等机构任职。2018年的深化改革开放方案中进一步提出：

（1）探索在文化产业、体育产业、教育等领域进一步对台扩大开放。

（2）研究台湾船员获得大陆适任证书的培训标准，实现对台船员培训常态化。

（3）继续支持开展对外援助交流培训。

✪ 第 82 问：中国（辽宁）FTZ 具体有哪些教育开放举措？

答：中国（辽宁）FTZ 成立于 2017 年 3 月，含大连片区、沈阳片区和营口片区。国务院印发的总体方案中有关教育领域的开放举措包括：

（1）引进境外优质教育资源，推动教育国际化。

（2）加速实现自贸试验区与东北其他地区口岸间的互通互联，推进东北地区在人才交流、教育培训等方面的协同配合。

（3）探索与东北亚各国在文化、教育、体育、卫生、娱乐等专业服务领域开展投资合作。

（4）在船员培训方面按规定给予政策支持。

✪ 第 83 问：中国（浙江）FTZ 具体有哪些教育开放举措？

答：中国（浙江）FTZ 成立于 2017 年 3 月，含舟山离岛片区、舟山岛北部片区和舟山岛南部片区。2020 年 9 月扩展到宁波片区、杭州片区和金义片区。国务院印发的总体方案中有关教育领域的开放举措包括：

（1）积极引进飞行驾驶培训。

（2）加强与港澳特区在人才培训等方面的交流合作。

（3）允许获得硕士及以上学位的优秀外国留学生毕业后直接在自贸试验区工作。

（4）提供有针对性的指导服务和语言学习机会，多形式、多渠道帮助外国人才更好地融入中国社会。

（5）完善外国人来华工作许可制度和人才签证制度区内配套措施。

第84问：中国（河南）FTZ具体有哪些教育开放举措？

答：中国（河南）FTZ成立于2017年3月，含郑州片区、开封片区和洛阳片区。国务院印发的总体方案中有关教育领域的开放举措包括：

（1）支持河南省与教育部在自贸试验区合作共建教育国际化综合改革试验区，积极引进境外优质教育资源开展高水平、示范性合作办学，加大对"一带一路"沿线国家的中国政府奖学金支持力度。

（2）允许获得硕士及以上学位的优秀外国留学生毕业后直接在自贸试验区工作。

（3）提供有针对性的指导服务和语言学习机会，多形式、多渠道帮助外国人才更好地融入中国社会。

（4）加强与港澳特区在人才培训等方面的交流合作。

（5）建立健全与"一带一路"沿线国家的合作机制，重点在科技教育等领域开展国际合作。

第85问：中国（湖北）FTZ具体有哪些教育开放举措？

答：中国（湖北）FTZ成立于2017年3月，含武汉片区、襄阳片区和宜昌片区。国务院印发的总体方案中有关教育领域的开放举措包括：

（1）推进跨国教育和人才培养合作，支持引进境外知名大学、外国机构与中国教育机构合作在自贸试验区内创办人才培养机构。

（2）支持在自贸试验区内设立外籍人员子女学校，鼓励中国教育机构与海外学校共建友好学校和人才实习实训基地。

（3）鼓励自贸试验区内的企业、高校院所"走出去"，在国外设立研发机构，参与国际科技项目合作。

（4）探索高校、科研院所负责人年薪制和特殊人才协议工资、项目工资等多种分配办法。

（5）鼓励高校院所科技人员离岗创新创业或到企业兼职。

教育服务贸易精要

（6）允许获得硕士及以上学位的优秀外国留学生毕业后直接在自贸试验区工作。

（7）放宽科研事业单位对外籍人员的岗位限制。

（8）提供有针对性的指导服务和语言学习机会，多形式、多渠道帮助外国人才更好地融入中国社会。

（9）建立涉自贸试验区法律服务人才培养机制。

✪ 第86问：中国（重庆）FTZ具体有哪些教育开放举措？

答：中国（重庆）FTZ成立于2017年3月，含两江片区、西永片区和果园港片区。国务院印发的总体方案中有关教育领域的开放举措包括：

（1）支持以自贸试验区为依托建设中德、中韩等国际经贸、产业、人文合作平台。

（2）允许获得硕士及以上学位的外国优秀留学生毕业后直接在自贸试验区工作，完善留学生实习居留、工作居留和创新创业奖励制度。

（3）大力发展服务贸易，推广大数据分析在教育等领域的应用。

（4）加强与港澳特区在人才培训等方面的交流合作。

✪ 第87问：中国（四川）FTZ具体有哪些教育开放举措？

答：中国（四川）FTZ成立于2017年3月，含成都天府新区片区、成都青白江铁路港片区和川南临港片区。国务院印发的总体方案中有关教育领域的开放举措包括：

（1）川南临港片区重点发展教育医疗等现代服务业。

（2）探索本土高校自主扩大海外留学生招生规模，与国外高校合作开展学科建设。

（3）允许获得硕士及以上学位的优秀外国留学生毕业后直接在自贸试验区工作。

（4）提供有针对性的指导服务和语言学习机会，通过多形式、多渠道

四、现状篇

帮助外国人才更好地融入中国社会。

（5）支持在自贸试验区内建设国别产业合作园区，围绕产业合作、科技创新、中小企业合作、职业教育、新型城镇化等领域合作发展。

（6）完善行业监管制度和资格审查制度，进一步规范开展教育等行业内容审查。

（7）加强与港澳特区在人才培训等方面的交流合作。

（8）大力发展中医药服务贸易。

（9）大力发展船员培训等航运服务业。

（10）允许境外服务提供者以跨境交付形式提供管理培训、咨询服务。

✪ 第88问：中国（陕西）FTZ 具体有哪些教育开放举措？

答：中国（陕西）FTZ 成立于 2017 年 3 月，含中心片区、西安高新综合保税片区和西安国际港务区片区。国务院印发的总体方案中有关教育领域的开放举措包括：

（1）自贸区战略定位为"一带一路"经济合作和人文交流重要支点。

（2）自贸试验区中心片区拓展科技、教育、文化、旅游、健康医疗等人文交流的深度和广度，打造面向"一带一路"的高端产业高地和人文交流高地。

（3）拓展与"一带一路"沿线国家跨境教育合作空间，推动教育资源共享，建设智力丝绸之路。

（4）围绕"一带一路"建设需求，调整优化相关院校的学科及专业设置，推进面向"一带一路"沿线国家的教育培训基地建设。

（5）在自贸试验区设立国际汉唐学院和中国书法学院。

（6）允许获得硕士及以上学位的优秀外国留学生毕业后直接在自贸试验区工作，完善留学生实习居留、工作居留和创新创业奖励制度。

（7）创新中外农业高等教育和职业教育联合办学模式，开展面向"一带一路"沿线国家的援外农业技术培训。

（8）与"一带一路"沿线国家广泛开展医学教育合作。

（9）允许"一带一路"沿线国家与国内中医药服务机构在自贸试验区

内投资中医理疗、康复、培训、宣传、国际推广等机构。

✪ 第89问：中国（海南）FTZ/自贸港具体有哪些教育开放举措？

答：中国（海南）FTZ成立于2018年9月，含海南岛全岛。国务院2018年印发《中国（海南）自由贸易试验区总体方案》，中共中央、国务院2020年印发《海南自由贸易港建设总体方案》。全国人大于2021年6月通过《中华人民共和国海南自由贸易港法》。

2019年，教育部联合海南省人民政府制定了《关于支持海南深化教育改革开放实施方案》。上述方案中有关教育领域的开放举措包括：

（1）建设理工农医类国际教育创新岛。

（2）将教育列为11大重点开放领域之一，大幅放宽外资市场准入。

（3）允许境外理工农医类高水平大学、职业院校在海南自由贸易港独立办学，设立国际学校。

（4）推动国内重点高校引进国外知名院校在海南自由贸易港举办具有独立法人资格的中外合作办学机构。

（5）支持与"一带一路"国家和地区开展科技人文交流、共建联合实验室、科技园区合作、技术转移等科技创新合作。

（6）与"一带一路"国家和地区自由贸易园区在教育等方面开展交流合作及功能对接。

（7）在合适的领域分层次逐步取消或放宽对跨境交付、自然人移动等模式的服务贸易限制措施。

（8）允许符合条件的境外人员担任海南自由贸易港内法定机构、事业单位、国有企业的法定代表人。

（9）先期建设陵水黎安国际教育创新试验区等11个重点园区。

根据《中华人民共和国海南自由贸易港法》第40条的规定："境外高水平大学、职业院校可以在海南自由贸易港设立理工农医类学校。"为促进和规范境外高等教育机构在海南自由贸易港办学，教育部联合海南省人民政府于2023年3月制定并颁布了《境外高等教育机构在海南自由贸易港办学暂行规定》，具体分30条对境外高等教育机构在海南自由贸易港办学的

四、现状篇

方针、定位、设立程序、内部机构设置、课程教材、师资引进、招生、运行管理等做出了明确规定。

◎ 第 90 问：中国（山东）FTZ 具体有哪些教育开放举措？

答：中国（山东）FTZ 成立于 2019 年 8 月，含济南片区、青岛片区和烟台片区。国务院印发的总体方案中有关教育领域的开放举措包括：

（1）支持外商独资设立经营性教育培训和职业技能培训机构。

（2）支持建设海外创新孵化中心、海外人才离岸创新创业基地等创新平台。

（3）支持企业联合金融机构、高校、科研院所建设产业创新平台。

（4）支持建设山东产业技术研究院。

（5）鼓励外国著名高校来华开展合作办学。

（6）推动双元制职业教育发展，设立智能制造技师学院。

（7）支持涉海高校、科研院所、国家实验室、企业与国内外机构共建海洋实验室和海洋研究中心。

（8）支持青岛片区开展高水平中德合作办学。探索以校校合作、学院合作、项目合作等模式与世界名校开展合作办学，筹建青岛中德工业大学；打造双元制职业教育发展模式，建设青岛科技大学中德工程学院、中德应用技术学校，设立智能制造工匠学院。

◎ 第 91 问：中国（江苏）FTZ 具体有哪些教育开放举措？

答：中国（江苏）FTZ 成立于 2019 年 8 月，含南京片区、苏州片区和连云港片区。国务院印发的总体方案中有关教育领域的开放举措包括：

（1）探索允许外商投资企业将资本项目收入划转或结汇并依法用于境内股权投资。

（2）支持外商独资设立经营性教育培训和职业技能培训机构。

（3）开展外国高端人才服务"一卡通"试点，建立子女入学等服务通道。

第 92 问：中国（广西）FTZ 具体有哪些教育开放举措？

答：中国（广西）FTZ 成立于 2019 年 8 月，含南宁片区、钦州港片区和崇左片区。国务院印发的总体方案中有关教育领域的开放举措包括支持外商独资设立经营性教育培训和职业技能培训机构。

第 93 问：中国（河北）FTZ 具体有哪些教育开放举措？

答：中国（河北）FTZ 成立于 2019 年 8 月，含雄安片区、正定片区、曹妃甸片区和大兴机场片区。在国务院印发的总体方案中有关教育领域的开放举措，包括支持外商独资设立经营性教育培训和职业技能培训机构。

第 94 问：中国（云南）FTZ 具体有哪些教育开放举措？

答：中国（云南）FTZ 成立于 2019 年 8 月，含昆明片区、红河片区和德宏片区。国务院印发的总体方案中有关教育领域的开放举措包括：

（1）昆明片区规划建设面向南亚和东南亚的互联互通枢纽、信息物流中心和文化教育中心。

（2）允许在中国高校毕业的优秀留学生在自贸试验区就业和创业，向其发放工作许可。

（3）建设澜湄职业教育培训基地。

（4）支持外商独资设立经营性教育培训和职业技能培训机构。

第 95 问：中国（黑龙江）FTZ 具体有哪些教育开放举措？

答：中国（黑龙江）FTZ 成立于 2019 年 8 月，含哈尔滨片区、黑河片

四、现状篇

区和绥芬河片区。国务院印发的总体方案中有关教育领域的开放举措包括：

（1）探索允许外商投资企业将资本项目收入划转或结汇依法用于境内股权投资。

（2）支持外商独资设立经营性教育培训和职业技能培训机构。

（3）开展海外人才离岸创新创业试点。

（4）允许在中国高校毕业的优秀留学生在自贸试验区就业和创业。

（5）探索高校国际学生勤工助学管理制度。

⭐第96问：中国（北京）FTZ具体有哪些教育开放举措？

答：中国（北京）FTZ成立于2020年9月，含科技创新片区、国际商务服务片区和高端产业片区。国务院印发的总体方案中有关教育领域的开放举措包括：

（1）为研发、执业、参展、交流、培训等高端人才提供签证便利。

（2）试点开展外籍人才配额管理制度，探索推荐制人才引进模式。优化外国人来华工作许可、居留许可审批流程。

另外，从2015年开始，北京市政府联合商务部，推进"服务业扩大开放综合试点"。在2015年发布的综合试点实施方案中，提出的主要任务和举措之一是扩大教育开放合作。支持在我国境内合法设立的外国机构、外资企业按照相关法律法规在北京市设立外籍人员子女学校。根据《中华人民共和国中外合作办学条例实施办法》（教育部令第20号）中的有关规定，中外合作办学者一方可以与其他社会组织或者个人签订协议，引入办学资金。支持首都高校引入境外优质教育资源，与世界知名高校合作办学。2019年发布的工作方案中明确提出设立同时招收外籍人士、本国居民子女的国际化特色学校。2023年，国务院批复北京市政府和商务部建设"国家服务业扩大开放综合示范区"，在工作方案中，"文化教育服务"被列为推进深化改革、扩大开放的五大服务业重点领域之一，其中明确了"支持外商独资设立经营性职业技能培训机构"。

第 97 问：中国（湖南）FTZ 具体有哪些教育开放举措？

答：中国（湖南）FTZ 成立于 2020 年 9 月，含长沙片区、岳阳片区和郴州片区。国务院印发的总体方案中有关教育领域的开放举措包括探索在教育、工程咨询、会展、商务服务等领域，分层次、逐步取消或放宽跨境交付、境外消费、商业存在自然人移动等模式的服务贸易限制措施。

第 98 问：中国（安徽）FTZ 具体有哪些教育开放举措？

答：中国（安徽）FTZ 成立于 2020 年 9 月，含合肥片区、芜湖片区和蚌埠片区。在国务院印发的总体方案中有关教育领域的开放举措包括支持境内外研发机构、高校院所、企业在自贸试验区设立或共建实验室、新型研发机构，实施高等学校学科创新引智计划，建设引才引智示范基地。

第 99 问：中国（新疆）FTZ 具体有哪些教育开放举措？

答：中国（新疆）FTZ 成立于 2023 年 10 月，含乌鲁木齐片区、喀什片区和霍尔果斯片区。国务院印发的总体方案中有关教育领域的开放举措包括：

（1）在乌鲁木齐片区积极发展科技教育、文化创意等现代服务业。

（2）探索与中亚等周边国家在农业、能源、资源、环境、医药健康等领域共建联合实验室或联合研究中心，搭建集成研究、科技人才交流与培养的合作平台。

（3）大力发展航空器制造维护、通航飞行、教育培训、应急救援等通用航空全产业链，打造通用航空产业集群。

四、现状篇

（4）支持出入境人员综合服务"一站式"平台建设，为外籍高层次人才投资创业、讲学交流、经贸活动等提供出入境便利。

（5）推进国际文化教育交流。实施"留学新疆"计划，委托符合条件的高校承担中国政府奖学金学生培养任务，对优秀留学生赴新疆高校学习予以奖学金支持，鼓励高校招收自费来新疆的留学生，培养服务自贸试验区发展需要的国际化人才。

五、比较篇

★**第100问：迄今为止，WTO中有哪些成员做出了教育服务开放承诺？**

截至2022年6月，WTO所有164位成员中有74位成员承诺开放教育服务，其中欧共体12国合并用一张承诺表并均对教育服务做出了开放承诺。承诺开放的WTO成员如下：欧共体、德国、法国、意大利、英国、爱尔兰、丹麦、比利时、卢森堡、荷兰、西班牙、葡萄牙、希腊、奥地利、列支敦士登、瑞士、挪威、匈牙利、波兰、斯洛文尼亚、斯洛伐克、捷克、爱沙尼亚、立陶宛、拉脱维亚、北马其顿、阿尔巴尼亚、保加利亚、黑山、俄罗斯、乌克兰、格鲁吉亚、克罗地亚、亚美尼亚、吉尔吉斯斯坦、摩尔多瓦、塔吉克斯坦、哈萨克斯坦、澳大利亚、新西兰、日本、中国、中国台北、柬埔寨、泰国、越南、老挝、尼泊尔、瓦努阿图、土耳其、阿曼、沙特阿拉伯、约旦、也门、阿富汗、刚果（金）、冈比亚、加纳、莱索托、马里、卢旺达、塞拉利昂、特立尼达和多巴哥、汤加、佛得角、萨摩亚、塞舌尔、利比亚、美国、墨西哥、海地、牙买加、巴拿马、哥斯达黎加。

五、比较篇

✪第101问：欧盟教育服务开放承诺和主要政策有哪些？

早期，欧共体12国（包括德国、法国、意大利、英国、爱尔兰、丹麦、比利时、卢森堡、荷兰、西班牙、葡萄牙、希腊）作为一个整体在加入WTO时提交了统一的承诺减让表，并对教育服务做出开放承诺。新回合谈判开始，欧盟在欧共体承诺基础上，修改提出了欧盟成员统一承诺表。欧盟作为一个整体，在欧共体12国基础上新增了奥地利、芬兰、瑞典、塞浦路斯、捷克、爱沙尼亚、匈牙利、拉脱维亚、立陶宛、马耳他、波兰、斯洛伐克、斯洛文尼亚等新加入成员。新加入成员在与欧盟并表后，原来没有承诺开放教育服务的成员将自动开放教育服务市场。欧共体12国教育服务具体承诺见表5-1。

表5-1 欧共体12国教育服务具体承诺

部门或分部门	市场准入限制	国民待遇限制	其他承诺
5. 私立教育服务 A. 初等教育服务 （CPC 921）	1）法国：国籍条件。但是，第三国公民可以通过主管机构许可设立并管理教育机构以开展教学。 2）没有限制。 3）没有限制。 4）除水平承诺和下列具体限制外不做承诺： 法国：国籍条件。但是，第三国公民可以通过主管机构许可设立并管理教育机构以开展教学。 意大利：符合国籍条件的服务提供者经许可颁发国家承认的文凭。 希腊：教师需要国籍条件	1）意大利：符合国籍条件的服务提供者经许可颁发国家承认的文凭。 2）没有限制。 3）希腊：董事会成员的大多数必须是希腊籍公民。 4）除水平承诺指明的以外，不做承诺	
B. 中等教育服务 （CPC 922）	1）法国：国籍条件。但是，第三国公民可以通过主管机构许可设立并管理教育机构以开展教学。 2）没有限制。 3）没有限制。 4）除水平承诺和下列具体限制外不做承诺： 法国：国籍条件。但是，第三国公民可以通过主管机构许可设立并管理教育机构以开展教学	1）意大利：符合国籍条件的服务提供者经许可颁发国家承认的文凭。 2）没有限制。 3）希腊：董事会成员的大多数必须是希腊籍公民。 4）除水平承诺指明的以外，不做承诺	

续表

部门或分部门	市场准入限制	国民待遇限制	其他承诺
B. 中等教育服务（CPC 922）	意大利：符合国籍条件的服务提供者经许可颁发国家承认的文凭。 希腊：教师需要国籍条件		
C. 高等教育服务（CPC 923）	1）法国：国籍是前提条件。但是，第三国公民可以通过主管机构许可设立并管理教育机构以开展教学。 2）没有限制。 3）西班牙，意大利：对许可开办私立大学以颁发承认的证书与学位进行需求测试；程序中包括一次议会的建议。 希腊：对教育机构授予国家承认的文凭不做承诺。 4）除水平承诺和下列具体限制外不做承诺： 丹麦：教师的国籍条件。 法国：国籍条件。但是，第三国公民可以通过主管机构许可设立并管理教育机构以开展教学。 意大利：符合国籍条件的服务提供者经许可颁发国家承认的文凭	1）意大利：符合国籍条件的服务提供者经许可颁发国家承认的文凭。 2）没有限制。 3）没有限制。 4）除水平承诺指明的以外，不做承诺	
D. 成人教育服务（CPC 924）	1）没有限制。 2）没有限制。 3）没有限制。 4）除水平承诺指明的以外，不做承诺	1）没有限制。 2）没有限制。 3）没有限制。 4）除水平承诺指明的以外，不做承诺	

☆ 第102问：美国教育服务开放承诺和主要政策有哪些？

美国是教育服务贸易大国，每年仅招收国际学生一项就可获得400多亿美元的经济收益（2019年为410亿美元）。国际学生教育是美国第五大服务业出口部门，是全美农业和大豆出口额的两倍。但是，美国在早期加入

WTO 时对国内教育服务市场开放承诺并不积极，承诺部门仅限于成人教育和其他教育服务（表 5-2）。

表 5-2 美国教育服务开放承诺

部门或分部门	市场准入限制	国民待遇限制	其他承诺
5. 教育服务			
D. 成人教育（不包括飞行教学）	1）没有限制。 2）没有限制。 3）在肯塔基州，整容学校的许可总量为 48 所，每个选区允许运营 8 所。 4）除水平承诺指出的外，不做承诺	1），2），3），4）奖学金和补贴限于美国公民和（或）个别州的居民，在有些情况下，仅用于某些州立院校或限于某些美国法人	
E. 其他教育服务	1）没有限制。 2）没有限制。 3）没有限制。 4）除水平承诺指出的外，不做承诺	1），2），3），4）奖学金和补贴限于美国公民和（或）个别州的居民，在有些情况下，仅用于某些州立院校或限于某些美国法人	

在 WTO 新回合谈判中，美国对开放教育服务持较积极态度，是提出教育服务谈判提议的五位成员之一（另四位成员为澳大利亚、新西兰、日本和瑞士）。美国在提议和新出价中聚焦私立高等教育、成人教育和培训服务，相对于原来的承诺增加了高等教育，但是对初等教育和中等教育仍未做出开放承诺。美国在提议中主张教育在很大程度上是政府的职能，私人教育和培训将继续作为公共教育系统的补充而不是替代者，认为 WTO 关于五种教育服务的分类已经不能适应新的发展要求，提议增加培训服务和教育考试服务。美国建议 WTO 成员尤其是尚未做出开放教育服务承诺的成员，在新一轮谈判中开放高等教育服务、成人教育和培训服务，并减少国际贸易障碍。

⭐ 第103问：澳大利亚教育服务开放承诺和主要政策有哪些？

澳大利亚是教育服务贸易积极的倡导者和推动者，也是全球教育服务贸易大国。澳联邦政府早在20世纪90年代就开始实施教育服务出口战略，并制定联邦战略和政策法律。数十年来，国际教育稳居澳第四大出口产业和最大服务出口部门，2019年出口额达403亿澳元。在WTO新回合谈判教育服务提议中，澳大利亚政府提出以下5点建议：

（1）无论各国消费者（学生）所在地和接受的方式，教育服务谈判的目标应该是提供最好的教育服务。

（2）教育服务谈判不应该禁止成员方建立自己的教育政策目标或运用必要的规制手段达成这些目标。

（3）教育服务谈判不应该禁止成员方提供教育公共资金满足国内政策和规制目标。

（4）规制框架中的国际教育服务贸易和其他服务部门间存在重要的联系（如电信/视听服务部门和自然人流动）。如果存在这些联系，教育服务谈判应该在综合性的服务回合中进行检视。

（5）在裁决是否出于移民目的之临时入境的权利方面，教育服务谈判应该继续承认成员方的最高权力。

澳大利亚教育服务开放承诺如表5-3所示。

表5-3 澳大利亚教育服务开放承诺

部门或分部门	市场准入限制	国民待遇限制	其他承诺
5. 教育服务 B. 中等教育服务 （922**） 涵盖中等层次的私立普通教育和技术与职业教育机构	1）不做承诺。 2）没有限制。 3）没有限制。 4）除水平承诺指明的以外，不做承诺	1）不做承诺。 2）没有限制。 3）没有限制。 4）除水平承诺指明的以外，不做承诺	
C. 高等教育服务 （923**） 涵盖大学层次的私立第三级教育服务	1）不做承诺。 2）没有限制。 3）没有限制。 4）除水平承诺指明的以外，不做承诺	1）不做承诺。 2）没有限制。 3）没有限制。 4）除水平承诺指明的以外，不做承诺	

五、比较篇

续表

部门或分部门	市场准入限制	国民待遇限制	其他承诺
E. 其他教育服务（929＊＊）涵盖英语语言教学	1）不做承诺。 2）没有限制。 3）没有限制。 4）除水平承诺指明的以外，不做承诺	1）不做承诺。 2）没有限制。 3）没有限制。 4）除水平承诺指明的以外，不做承诺	

✪ 第 104 问：新西兰教育服务开放承诺和主要政策有哪些？

和澳大利亚一样，新西兰也是教育服务贸易积极倡导者和主要推动者，教育服务贸易在新国际贸易中占据重要地位。新西兰教育服务开放承诺如表 5-4 所示。

表 5-4　新西兰教育服务开放承诺

部门或分部门	市场准入限制	国民待遇限制	其他承诺
5. 教育服务 私立初等、中等和第三级教育 （921，922，923）	1）没有限制。 2）没有限制。 3）没有限制。 4）除水平承诺指明的以外，不做承诺	1）没有限制。 2）没有限制。 3）没有限制。 4）除水平承诺指明的以外，不做承诺	

✪ 第 105 问：日本教育服务开放承诺和主要政策有哪些？

日本是亚洲教育服务大国，在 WTO 新回合谈判中提出教育服务谈判提案，并提出改动较大新出价，对推动教育服务自由化表现出较积极的姿态。日本教育服务开放承诺如表 5-5 所示。

表 5-5　日本教育服务开放承诺

部门或分部门	市场准入限制	国民待遇限制	其他承诺
5. 教育服务 下列教育服务由设立在日本的正规教育机构提供（正规教育机构指小学、初级中学、高级中学、大学、技术学院、盲人学校、聋哑学校、残障学校和幼儿园）： 　A. 初等教育服务 　（9211，9219） 　B. 中等教育服务 　（9221，9222，9223） 　C. 高等教育服务 　（9231，9239） 　D. 成人教育服务 成人外语教学服务（不包括设立在日本的正规教育机构所提供的服务。正规教育机构指小学、初级中学、高级中学、大学、技术学院、盲人学校、聋哑学校、残障学校和幼儿园） 　（92400）	1）不做承诺①。 2）不做承诺②。 3）正规教育机构必须由学校法人设立。③。 4）不做承诺 1）没有限制。 2）没有限制。 3）没有限制。 4）除水平承诺指明的以外，不做承诺	1）不做承诺。 2）不做承诺。 3）除水平承诺指明的以外，没有限制。 4）不做承诺。 1）没有限制。 2）没有限制。 3）除水平承诺指明的以外，没有限制。 4）除水平承诺指明的以外，不做承诺	

第106问：泰国教育服务开放承诺和主要政策有哪些？

泰国承诺开放教育服务市场，具体情况如表 5-6 所示。

---

①② 不做承诺是因为缺乏技术可行性。
③ 学校法人是指按日本法律设立的以提供教育服务为目的的非营利法人。

五、比较篇

表5-6 泰国教育服务开放承诺

部门或分部门	市场准入限制	国民待遇限制	其他承诺
5. 教育服务 A+B. 国际和国内的学校教育服务（不包括成人和其他教育服务） （CPC 9219+9221+9222）	1）不做承诺。 2）没有限制。 3）除水平承诺指明的以外，没有限制。 4）不做承诺	1）不做承诺。 2）没有限制。 3）只要外方股权比例不超过49%就没有限制。 4）不做承诺	
B. 技术与职业教育服务 （CPC 9223+9224）	1）没有限制。 2）没有限制。 3）除水平承诺指明的以外，没有限制。 4）不做承诺	1）没有限制。 2）没有限制。 3）只要外方股权比例不超过49%就没有限制。 4）不做承诺	
D. 专业和（或）短期课程教育服务 （CPC 92440）	1）不做承诺。 2）没有限制。 3）除水平承诺指明的以外，没有限制。 4）不做承诺	1）不做承诺。 2）没有限制。 3）只要外方股权比例不超过49%就没有限制。 4）不做承诺	

✪第107问：越南教育服务开放承诺和主要政策有哪些？

越南于2007年加入WTO，并承诺开放教育服务市场，具体如表5-7所示。

表5-7 越南教育服务开放承诺

部门或分部门	市场准入限制	国民待遇限制	其他承诺
5. 教育服务			
本承诺表只涉及技术和技能、自然科学和技术、商务管理和研究、经济学、会计学、国际法和语言培训等领域的教育服务。 在（C）（D）（E）三个分部门中，相关教育内容必须得到越南教育和培训部的审批			

续表

部门或分部门	市场准入限制	国民待遇限制	其他承诺
B 中等教育服务 （CPC 922）	1）不做承诺。 2）没有限制。 3）不做承诺。 4）除水平承诺中的内容以外，不做承诺	1）不做承诺。 2）没有限制。 3）不做承诺。 4）除水平承诺中的内容以外，不做承诺	
C 高等教育服务 （CPC 923） D 成人教育服务 （CPC 924） E 其他教育服务 （CPC 929，包括外语培训服务）	1）不做承诺。 2）没有限制。 3）除以下规定外，没有限制： 自本协定生效之日起，只允许外国服务提供者在越南设立合资企业，但外方可以在合资企业中占多数股权。从 2009 年 1 月 1 日起，允许设立 100% 外商投资的教育实体。 本协定生效三年之后，取消所有限制性规定。 4）除水平承诺中的内容以外，不做承诺	1）不做承诺。 2）没有限制。 3）在外商投资学校任职的外国教师必须有至少五年的执教经验，并获得权威主管部门的资质认可。 4）除水平承诺中的内容以外，不做承诺	

★第 108 问：老挝教育服务开放承诺和主要政策有哪些？

老挝于 2013 年加入 WTO，并承诺开放教育服务市场，具体如表 5-8 所示。

表 5-8 老挝教育服务开放承诺

部门或分部门	市场准入限制	国民待遇限制	其他承诺
5. 教育服务 教育课程和内容必须经老挝教育部批准。 关于下列 C 和 D，承诺仅包括自然科学与技术、商业管理与商业研究、经济、会计、国际法和语言培训诸领域。 私人教育服务仅指完全由私人资助的服务			

五、比较篇

续表

部门或分部门	市场准入限制	国民待遇限制	其他承诺
A. 初等教育服务（CPC 921 之一部）	1）不做承诺。 2）没有限制。 3）外资参股限制为51%。 4）除水平承诺中的内容以外，不做承诺	1）不做承诺。 2）没有限制。 3）校长必须是老挝籍合格教师。 4）除水平承诺中的内容以外，不做承诺	
B. 中等教育服务（CPC 922 之一部）	1）不做承诺。 2）没有限制。 3）外资参股限制为51%。 4）除水平承诺中的内容以外，不做承诺	1）不做承诺。 2）没有限制。 3）校长必须是老挝籍合格教师。 4）除水平承诺中的内容以外，不做承诺	
C. 高等教育服务（CPC 923 之一部）	1）没有限制。 2）没有限制。 3）外资参股限制为51%。 4）除水平承诺中的内容以外，不做承诺	1）没有限制。 2）没有限制。 3）校长必须是老挝籍合格教师。 4）除水平承诺中的内容以外，不做承诺	
D. 成人教育（CPC 924 之一部）	1）没有限制。 2）没有限制。 3）外资参股限制为51%。 4）除水平承诺中的内容以外，不做承诺	1）没有限制。 2）没有限制。 3）校长必须是老挝籍合格教师。 4）除水平承诺中的内容以外，不做承诺	
E. 其他教育服务 仅限于短期外语培训（CPC 929 之一部）	1）没有限制。 2）没有限制。 3）外资参股限制为51%。 4）除水平承诺中的内容以外，不做承诺	1）没有限制。 2）没有限制。 3）校长必须是老挝籍合格教师。 4）除水平承诺中的内容以外，不做承诺	

★第109问：墨西哥教育服务开放承诺和主要政策有哪些?

墨西哥是美—加—墨协定成员，其 WTO 教育服务承诺如表 5-9 所示。

表 5-9 墨西哥教育服务开放承诺

部门或分部门	市场准入限制	国民待遇限制	其他承诺
5. 教育服务 A. 初等教育服务 （CPC 921）	1）没有限制。 2）没有限制。 3）外方投资最高只能占单位注册资本额的49%。前期需要得到公共教育部（SEP）或国家主管机构的许可。 4）除水平承诺指明的以外，不做承诺	1）没有限制。 2）没有限制。 3）没有限制。 4）除水平承诺指明的以外，不做承诺	
B. 中等教育服务 （CPC 922）	1）没有限制。 2）没有限制。 3）外方投资最高只能占单位注册资本额的49%。前期需要得到公共教育部（SEP）或国家主管机构的许可。 4）除水平承诺指明的以外，不做承诺	1）没有限制。 2）没有限制。 3）没有限制。 4）除水平承诺指明的以外，不做承诺	
C. 高等教育服务 （CPC 923）	1）没有限制。 2）没有限制。 3）外方投资最高只能占单位注册资本额的49%。前期需要得到公共教育部（SEP）或国家主管机构的许可。 4）除水平承诺指明的以外，不做承诺	1）没有限制。 2）没有限制。 3）没有限制。 4）除水平承诺指明的以外，不做承诺	

五、比较篇

续表

部门或分部门	市场准入限制	国民待遇限制	其他承诺
E. 其他教育服务语言教育，特殊教育和商业培训（CPC 9290）	1）没有限制。 2）没有限制。 3）外方投资最高只能占单位注册资本额的49%。前期需要得到公共教育部（SEP）或国家主管机构的许可。 4）除水平承诺指明的以外，不做承诺	1）没有限制。 2）没有限制。 3）没有限制。 4）除水平承诺指明的以外，不做承诺	

第110问：巴拿马教育服务开放承诺和主要政策有哪些？

巴拿马是中美洲最南部国家，于1997年加入WTO，其教育服务开放承诺如表5-10所示。

表5-10 巴拿马教育服务开放承诺

部门或分部门	市场准入限制	国民待遇限制	其他承诺
5. 教育服务①			
A. 初等教育服务（CPC 921）	1）没有限制。 2）没有限制。 3）教育机构的设立必须由教育部审查和批准。 4）除水平承诺指明的以外，不做承诺	1）没有限制。 2）没有限制。 3）不做承诺。 4）除水平承诺指明的以外，不做承诺	

---

① 国民教育是公共服务。国家必须干预私立教育机构以确保实现国家和社会关于教育与知识、道德、公民与学生体育锻炼的目标。

续表

部门或分部门	市场准入限制	国民待遇限制	其他承诺
B. 中等教育服务（CPC 922）	1）没有限制。 2）没有限制。 3）教育机构的设立必须由教育部审查和批准。 4）除水平承诺指明的以外，不做承诺	1）没有限制。 2）没有限制。 3）不做承诺。 4）除水平承诺指明的以外，不做承诺。另外，巴拿马历史和公民教育必须由巴拿马公民教授	
C. 高等教育服务（CPC 923）①	1）没有限制。 2）没有限制。 3）高等教育机构的设立必须由教育部批准，并由巴拿马大学审查。 4）除水平承诺指明的以外，不做承诺	1）没有限制。 2）没有限制。 3）没有限制。 4）除水平承诺指明的以外，不做承诺	

★第111问：沙特阿拉伯教育服务开放承诺和主要政策有哪些？

沙特阿拉伯是中东地区重要大国，于2006年加入WTO，并承诺开放教育服务市场，具体如表5-11所示。

表5-11 沙特阿拉伯教育服务开放承诺

部门或分部门	市场准入限制	国民待遇限制	其他承诺
5. 教育服务			
A. 初等教育服务（CPC 921） B. 中等教育服务（CPC 922） C. 高等教育服务（CPC 923）	1）没有限制。 2）没有限制。 3）没有限制。 4）除水平承诺指明的以外，不做承诺	1）没有限制。 2）没有限制。 3）没有限制。 4）除水平承诺指明的以外，不做承诺	

---

① 巴拿马大学将审查官方批准的私立大学以保证它们授予的学位，并确认它们的外方大学处于法律认可状态。许可私立大学的设立并运作，包括课程、费用、项目要求等。

五、比较篇

续表

部门或分部门	市场准入限制	国民待遇限制	其他承诺
D. 成人教育（CPC 924） E. 其他（技术+泰国烹饪和泰语）（CPC 929）			

★ 第112问：土耳其教育服务开放承诺和主要政策有哪些？

土耳其是北约成员国，也是西亚地区重要大国，在 WTO 框架下承诺开放初等、中等、高等和其他教育服务市场，具体如表 5-12 所示。

表 5-12 土耳其教育服务开放承诺

部门或分部门	市场准入限制	国民待遇限制	其他承诺
5. 教育服务			
A. B. E. 初等、中等和其他教育服务（CPC 921，922，929）	1），3）外籍法人和自然人直接或与土耳其公民建立伙伴关系以设立仅面向外国学生的国际教育机构（包括职业与技术学校）。 2）没有限制。 4）外籍教师在取得教育部批准后可以在初等和中等教育机构工作	1）没有限制。 2）没有限制。 3）没有限制。 4）没有限制	
C. 高等教育服务（CPC 923）	1）没有限制。 2）没有限制。 3）私立大学只能由根据《民法典》设立的基金会在内阁会议允许的情况下设立，但这些基金会的大多数行政管理人员必须是土耳其公民。 4）没有限制	1）没有限制。 2）没有限制。 3）没有限制。 4）没有限制	

· 111 ·

第113问：阿曼教育服务开放承诺和主要政策有哪些？

阿曼位于中东地区，是海湾阿拉伯国家合作委员会成员，在2000年加入WTO，其教育服务开放承诺如表5-13所示。

表5-13 阿曼教育服务开放承诺

部门或分部门	市场准入限制	国民待遇限制	其他承诺
5. 教育服务			
B. 中等教育服务（CPC 922） C. 高等教育服务（CPC 923） D. 成人教育（CPC 924） E. 其他教育服务 CPC 929）	1) 没有限制。 2) 没有限制。 3) 没有限制。 4) 除水平承诺指明的以外，不做承诺	1) 没有限制。 2) 没有限制。 3) 没有限制。 4) 除水平承诺指明的以外，不做承诺	

第114问：约旦教育服务开放承诺和主要政策有哪些？

约旦位于中东地区，在1999年加入WTO，其教育服务开放承诺如表5-14所示。

表5-14 约旦教育服务开放承诺

部门或分部门	市场准入限制	国民待遇限制	其他承诺
5. 教育服务 商业存在（模式3）保留51%之外方股权限制。不迟于2004年1月1日，允许外方获100%股权			
A. 初等教育服务（CPC 921） B. 中等教育服务（CPC 922）	1) 不做承诺。 2) 没有限制。 3) 没有限制。 4) 除水平承诺指明的以外，不做承诺	1) 不做承诺。 2) 没有限制。 3) 没有限制。 4) 除水平承诺指明的以外，不做承诺	

续表

部门或分部门	市场准入限制	国民待遇限制	其他承诺
C. 高等教育服务（CPC 923）	1）没有限制。 2）没有限制。 3）没有限制。 4）除水平承诺指明的以外，不做承诺	1）没有限制。 2）没有限制。 3）没有限制。 4）除水平承诺指明的以外，不做承诺	
D. 成人教育服务（CPC 924）	1）没有限制。 2）没有限制。 3）除成人教育中心管理者必须是约旦公民以外没有限制。 4）除水平承诺指明的以外不做承诺。成人教育中心管理者必须是约旦公民	1）没有限制。 2）没有限制。 3）没有限制。 4）除水平承诺指明的以外，不做承诺	
E. 其他教育服务（CPC 929），尤指文化中心	1）没有限制。 2）没有限制。 3）除文化中心管理者必须是约旦公民以外没有限制。 4）除水平承诺指明的以外，不做承诺。文化中心管理者必须是约旦公民	1）没有限制。 2）没有限制。 3）没有限制。 4）除水平承诺指明的以外，不做承诺	

第115问：也门教育服务开放承诺和主要政策有哪些？

也门位于中东地区，在2014年加入WTO，其教育服务开放承诺如表5-15所示。

表5-15 也门教育服务开放承诺

部门或分部门	市场准入限制	国民待遇限制	其他承诺
5. 教育服务			
C. 高等教育服务（CPC 923）	1）不做承诺。 2）没有限制。 3）没有限制。 4）除水平承诺中的内容以外，不做承诺	1）不做承诺。 2）没有限制。 3）政府奖学金和补助仅授予在政府学校就读的学生。 4）除水平承诺中的内容以外，不做承诺	

续表

部门或分部门	市场准入限制	国民待遇限制	其他承诺
D. 成人教育 (CPC 924)	1) 不做承诺。 2) 没有限制。 3) 没有限制。 4) 除水平承诺中的内容以外,不做承诺	1) 没有限制。 2) 没有限制。 3) 政府奖学金和补助仅授予在政府学校就读的学生。 4) 除水平承诺中的内容以外,不做承诺	
E. 其他教育服务 (CPC 929) 培训服务(如语言培训、驾驶培训、行政与管理培训、信息技术培训);教育考试服务;课余课程;在学校假期期间提供的教育项目;以及辅导及预科课程	1) 没有限制。 2) 没有限制。 3) 没有限制。 4) 除水平承诺中的内容以外,不做承诺	1) 没有限制。 2) 没有限制。 3) 政府奖学金和补助仅授予在政府学校就读的学生。 4) 除水平承诺中的内容以外,不做承诺	

第116问:利比亚教育服务开放承诺和主要政策有哪些?

利比亚位于地中海南岸,于2016年加入WTO,其教育服务开放承诺如表5-16所示。

表5-16 利比亚教育服务开放承诺

部门或分部门	市场准入限制	国民待遇限制	其他承诺
5. 教育服务(私立教育服务)			
A. 初等教育服务(CPC 921) B. 中等教育服务(CPC 922) C. 高等教育服务(CPC 923) D. 成人教育(CPC 924) E. 其他教育服务(CPC 929)	1) 没有限制。 2) 没有限制。 3) 没有限制。 4) 除水平承诺中的内容以外,不做承诺	1) 没有限制。 2) 没有限制。 3) 没有限制。 4) 除水平承诺中的内容以外,不做承诺	

第117问：阿富汗教育服务开放承诺和主要政策有哪些？

阿富汗于 2016 年加入 WTO，其教育服务开放承诺如表 5-17 所示。

表 5-17 阿富汗教育服务开放承诺

部门或分部门	市场准入限制	国民待遇限制	其他承诺
5. 教育服务（仅限私立教育服务不包括公共教育服务）			
A. 初等教育服务（CPC 921）	1）没有限制。 2）没有限制。 3）没有限制。 4）除水平承诺中的内容以外，不做承诺	1）没有限制。 2）没有限制。 3）没有限制。 4）除水平承诺中的内容以外，不做承诺	
B. 中等教育服务（CPC 922）	1）没有限制。 2）没有限制。 3）没有限制。 4）除水平承诺中的内容以外，不做承诺	1）没有限制。 2）没有限制。 3）没有限制。 4）除水平承诺中的内容以外，不做承诺	
C. 高等教育服务（CPC 923）	1）没有限制。 2）没有限制。 3）没有限制。 4）除水平承诺中的内容以外，不做承诺	1）没有限制。 2）没有限制。 3）没有限制。 4）除水平承诺中的内容以外，不做承诺	
D. 成人教育（CPC 924）	1）没有限制。 2）没有限制。 3）没有限制。 4）除水平承诺中的内容以外，不做承诺	1）没有限制。 2）没有限制。 3）没有限制。 4）除水平承诺中的内容以外，不做承诺	
F. 其他教育服务（CPC 929）包括培训服务（例如语言培训、驾驶教育、高管/管理培训、信息技术培训）；教育测试服务课后课程；课间提供的教育课程；辅导和预备课程	1）没有限制。 2）没有限制。 3）没有限制。 4）除水平承诺中的内容以外，不做承诺	1）没有限制。 2）没有限制。 3）没有限制。 4）除水平承诺中的内容以外，不做承诺	

教育服务贸易精要

☆第118问：俄罗斯教育服务开放承诺和主要政策有哪些？

俄罗斯于2012年加入WTO，对教育服务做出了较高水平的开放承诺，具体如表5-18所示。

表5-18 俄罗斯教育服务开放承诺

部门或分部门	市场准入限制	国民待遇限制	其他承诺
5. 教育服务 仅限于私人资助的教育机构或服务			
A. 基础教育服务 （CPC 921*） B. 中等教育服务 （CPC 922*）	1），2）没有限制。 3）没有限制，但下列情况除外。 商业存在仅允许俄罗斯法人形式，且是非商业机构； 对与俄罗斯民族文化遗产相关的和（或）作为俄罗斯民族文化财富的俄罗斯联邦法人的收购须获得授权①。 4）除水平承诺中的内容以外，不做承诺	1），2）没有限制，但下列情况除外： 对于补贴以及政府其他形式的支持不做承诺，包括获得政府金融和其他物质支持。 3）没有限制，但市场准入限制列指出的除外，并按照下列规定： 对于补贴以及政府其他形式的支持不做承诺，包括获得政府金融和其他物质支持。 4）除水平承诺中的内容以外，不做承诺	

---

① 本项专门承诺的目的：
"俄罗斯民族文化遗产"不仅是过去创造的物质和精神财富，也是保护和发展俄罗斯联邦及其全体人民独创性的纪念碑和历史文化的领土和设施，以及他们对世界文明的贡献。
"文化价值观"指道德和审美理念、行为习惯和范式、语言和方言、民族传统和风俗、历史地名、民间风俗、手工艺品、文化活动与行为、科学研究文化活动的结果与方法、建筑物、物件，以及历史和文化重要的技术、地区和设施独特的历史和文化方面。
"俄罗斯民族文化财富"不仅是一个整体的文化价值观，也是文化组织、机构和重要的国有企业（全俄），而由于这一事实，它不可分割地属于俄罗斯联邦，也无权转移到其他国家或俄联邦参与的国家组织。

续表

部门或分部门	市场准入限制	国民待遇限制	其他承诺
C. 高等教育服务（CPC 923＊）	1）没有限制。 2）没有限制。 3）不做承诺。 4）除水平承诺中的内容以外，不做承诺	1）没有限制，但下列情况除外： 对于补贴以及政府其他形式的支持不做承诺，包括获得政府金融和其他物质支持。 2）没有限制，但下列情况除外： 对于补贴以及政府其他形式的支持不做承诺，包括获得政府金融和其他物质支持。 3）不做承诺。 4）除水平承诺中的内容以外，不做承诺	
D. 未包括在其他项下的成人教育（CPC 924＊）仅限于外语课程，计算机课程，商业课程，考试培训课程	1），2）不做承诺。 3）没有限制，但下列情况除外： 商业存在仅允许俄罗斯法人形式，且是非商业机构； 4）除水平承诺中的内容以外，不做承诺	1），2）没有限制，但下列情况除外： 对于补贴以及政府其他形式的支持不做承诺，包括获得政府金融和其他物质支持。 3）没有限制，但市场准入限制列指出的除外，并按照下列规定： 对于补贴以及政府其他形式的支持不做承诺，包括获得政府金融和其他物质支持。 4）除水平承诺中的内容以外，不做承诺	

第119问：哈萨克斯坦教育服务开放承诺和主要政策有哪些？

哈萨克斯坦于2015年加入WTO，承诺开放教育服务市场。作为苏联加盟共和国，哈萨克斯坦在苏联解体后积极奉行向西方开放的教育政策。具体教育服务开放承诺如表5-19所示。

表5-19 哈萨克斯坦教育服务开放承诺

部门或分部门	市场准入限制	国民待遇限制	其他承诺
5. 教育服务			
C. 高等教育服务（CPC 923*）仅限于私立教育	1）没有限制。 2）没有限制。 3）没有限制，下列情况除外： 商业存在仅允许以哈萨克斯坦法人的形式。 4）除水平承诺中的内容以外，不做承诺	1）没有限制。 2）没有限制。 3）没有限制，"市场准入限制"下列的相关情况除外： 补贴不做承诺。 4）除水平承诺中的内容以外，不做承诺	
D. 成人教育（CPC 924*）仅限于私立教育	1）没有限制。 2）没有限制。 3）没有限制，下列情况除外： 商业存在仅允许以哈萨克斯坦法人的形式。 4）除水平承诺中的内容以外，不做承诺	1）没有限制。 2）没有限制。 3）没有限制，"市场准入限制"下列的相关情况除外： 补贴不做承诺。 4）除水平承诺中的内容以外，不做承诺	
E. 其他教育服务（CPC 929*）短期培训项目	1）没有限制。 2）没有限制。 3）没有限制。 4）除水平承诺中的内容以外，不做承诺	1）没有限制。 2）没有限制。 3）没有限制。 4）除水平承诺中的内容以外，不做承诺	

五、比较篇

续表

部门或分部门	市场准入限制	国民待遇限制	其他承诺
培训服务（比如语言培训、驾驶培训、行政与管理培训、信息技术培训）；教育考试服务；课余课程；在学校假期期间提供的教育项目；以及辅导及预科课程	1）没有限制。 2）没有限制。 3）没有限制，下列情况除外： 商业存在仅允许以哈萨克斯坦法人的形式。 4）除水平承诺中的内容以外，不做承诺	1）没有限制。 2）没有限制。 3）没有限制，"市场准入限制"下列的相关情况除外： 补贴不做承诺。 4）除水平承诺中的内容以外，不做承诺	

⭐ 第120问：塔吉克斯坦教育服务开放承诺和主要政策有哪些？

塔吉克斯坦作为独联体国家，于2013年加入WTO，承诺开发教育服务市场，具体如表5-20所示。

表5-20 塔吉克斯坦教育服务开放承诺

部门或分部门	市场准入限制	国民待遇限制	其他承诺
5. 教育服务			
A. 初等教育服务（CPC 921）	1）没有限制。 2）没有限制。 3）没有限制，下列情况除外： 商业存在仅允许以塔吉克斯坦共和国法人的形式。 4）除水平承诺中的内容以外，不做承诺	1）没有限制。 2）没有限制。 3）没有限制。 4）除水平承诺中的内容以外，不做承诺	

续表

部门或分部门	市场准入限制	国民待遇限制	其他承诺
B. 中等教育服务（CPC 922）	1）没有限制。 2）没有限制。 3）没有限制，下列情况除外：商业存在仅允许以塔吉克斯坦共和国法人的形式。 4）除水平承诺中的内容以外，不做承诺	1）没有限制。 2）没有限制。 3）没有限制。 4）除水平承诺中的内容以外，不做承诺	
C. 高等教育服务（CPC 923）	1）没有限制。 2）没有限制。 3）没有限制，下列情况除外：商业存在仅允许以塔吉克斯坦共和国法人的形式。 4）除水平承诺中的内容以外，不做承诺	1）没有限制。 2）没有限制。 3）没有限制。 4）除水平承诺中的内容以外，不做承诺	
D. 成人教育（CPC 924）	1）没有限制。 2）没有限制。 3）没有限制，下列情况除外：商业存在仅允许以塔吉克斯坦共和国法人的形式。 4）除水平承诺中的内容以外，不做承诺	1）没有限制。 2）没有限制。 3）没有限制。 4）除水平承诺中的内容以外，不做承诺	
E. 其他教育服务 培训服务（比如语言培训、驾驶培训、行政与管理培训、信息技术培训）；教育考试服务；课余课程；在学校假期期间提供的教育项目；以及辅导及预科课程（CPC 929）	1）没有限制。 2）没有限制。 3）没有限制，下列情况除外：商业存在仅允许以塔吉克斯坦共和国法人的形式。 4）除水平承诺中的内容以外，不做承诺	1）没有限制。 2）没有限制。 3）没有限制。 4）除水平承诺中的内容以外，不做承诺	

★第121问：吉尔吉斯斯坦教育服务开放承诺和主要政策有哪些?

吉尔吉斯斯坦作为独联体国家，于1998年加入WTO，承诺开放教育服务市场，具体如表5-21所示。

表5-21 吉尔吉斯斯坦教育服务开放承诺

部门或分部门	市场准入限制	国民待遇限制	其他承诺
5. 教育服务			
A. 初等教育服务（CPC 921）	1）除来自政府资助的初等教育服务以外，没有限制。 2）没有限制。 3）除来自政府资助的初等教育服务以外，没有限制。 4）除水平承诺指明的以外，不做承诺	1）除来自政府资助的初等教育服务以外，没有限制。 2）没有限制。 3）没有限制。 4）除水平承诺指明的以外，不做承诺	
B. 中等教育服务（CPC 922）	1）除来自政府资助的中等教育服务以外，没有限制。 2）没有限制。 3）除来自政府资助的中等教育服务以外，没有限制。 4）除水平承诺指明的以外，不做承诺	1）除来自政府资助的中等教育服务以外，没有限制。 2）没有限制。 3）没有限制。 4）除水平承诺指明的以外，不做承诺	
C. 高等教育服务（CPC 923）	1）除来自政府资助的高等教育服务以外，没有限制。 2）没有限制。 3）除来自政府资助的高等教育服务以外，没有限制。 4）除水平承诺指明的以外，不做承诺	1）除来自政府资助的高等教育服务以外，没有限制。 2）没有限制。 3）没有限制。 4）除水平承诺指明的以外，不做承诺	

续表

部门或分部门	市场准入限制	国民待遇限制	其他承诺
D. 成人教育（CPC 924）	1）除来自政府资助的成人教育服务以外，没有限制。 2）没有限制。 3）除来自政府资助的成人教育服务以外，没有限制。 4）除水平承诺指明的以外，不做承诺	1）除来自政府资助的成人教育服务以外，没有限制。 2）没有限制。 3）没有限制。 4）除水平承诺指明的以外，不做承诺	

★第122问：乌克兰教育服务开放承诺和主要政策有哪些？

乌克兰于2008年加入WTO，承诺开放教育服务市场，具体如表5-22所示。

表5-22　乌克兰教育服务开放承诺

部门或分部门	市场准入限制	国民待遇限制	其他承诺
5. 教育服务 下列教育服务仅限于私人教育服务，不包括公共资源资助的教育服务			
A. 初等教育服务（CPC 921）	1）没有限制。 2）没有限制。 3）没有限制，但下列情况除外：根据乌克兰法律，不论学校所有权类型，只有乌克兰公民才可担任学校校长。 4）除水平承诺中的内容以外，不做承诺	1）没有限制。 2）没有限制。 3）没有限制。 4）除水平承诺中的内容以外，不做承诺	
B. 中等教育服务（CPC 922）	1）没有限制。 2）没有限制。 3）没有限制，但下列情况除外：根据乌克兰法律，不论学校所有权类型，只有乌克兰公民才可担任学校校长。 4）除水平承诺中的内容以外，不做承诺	1）没有限制。 2）没有限制。 3）没有限制。 4）除水平承诺中的内容以外，不做承诺	

续表

部门或分部门	市场准入限制	国民待遇限制	其他承诺
C. 高等教育服务（CPC 923）	1）没有限制。 2）没有限制。 3）没有限制，但下列情况除外：根据乌克兰法律，不论学校所有权类型，只有乌克兰公民才可担任学校校长。 4）除水平承诺中的内容以外，不做承诺	1）没有限制。 2）没有限制。 3）没有限制。 4）除水平承诺中的内容以外，不做承诺	
D. 成人教育（CPC 924）	1）没有限制。 2）没有限制。 3）没有限制。 4）除水平承诺中的内容以外，不做承诺	1）没有限制。 2）没有限制。 3）没有限制。 4）除水平承诺中的内容以外，不做承诺	
E. 其他教育服务（CPC 929）	1）没有限制。 2）没有限制。 3）没有限制。 4）除水平承诺中的内容以外，不做承诺	1）没有限制。 2）没有限制。 3）没有限制。 4）除水平承诺中的内容以外，不做承诺	

第123问：格鲁吉亚教育服务开放承诺和主要政策有哪些？

格鲁吉亚于2000年加入WTO，承诺开放教育服务市场，具体如表5-23所示。

表5-23 格鲁吉亚教育服务开放承诺

部门或分部门	市场准入限制	国民待遇限制	其他承诺
5. 教育服务 A. 初等教育服务（CPC 921）	1）没有限制。 2）没有限制。 3）没有限制。 4）除水平承诺指明的以外，不做承诺	1）没有限制。 2）没有限制。 3）没有限制。 4）除水平承诺指明的以外，不做承诺	

续表

部门或分部门	市场准入限制	国民待遇限制	其他承诺
B. 中等教育服务 仅限于私立教育 （CPC 922*）	1) 没有限制。 2) 没有限制。 3) 没有限制。 4) 除水平承诺指明的以外，不做承诺	1) 没有限制。 2) 没有限制。 3) 没有限制。 4) 除水平承诺指明的以外，不做承诺	
C. 高等教育服务 仅限于私立教育 （CPC 923*）	1) 没有限制。 2) 没有限制。 3) 没有限制。 4) 除水平承诺指明的以外，不做承诺	1) 没有限制。 2) 没有限制。 3) 没有限制。 4) 除水平承诺指明的以外，不做承诺	
D. 成人教育 （CPC 924）	1) 没有限制。 2) 没有限制。 3) 没有限制。 4) 除水平承诺指明的以外，不做承诺	1) 没有限制。 2) 没有限制。 3) 没有限制。 4) 除水平承诺指明的以外，不做承诺	

★第124问：摩尔多瓦教育服务开放承诺和主要政策有哪些？

摩尔多瓦原为苏联加盟共和国之一，于2001年加入WTO，承诺开放教育服务市场，具体如表5-24所示。

表5-24　摩尔多瓦教育服务开放承诺

部门或分部门	市场准入限制	国民待遇限制	其他承诺
5. 教育服务			
a) 初等教育服务（CPC 921） b) 中等教育服务（CPC 922） c) 高等教育服务 （Part of CPC 923） d) 成人教育（CPC 924） e) 其他教育服务（CPC 929）	1) 没有限制。 2) 没有限制。 3) 没有限制。 4) 除水平承诺指明的以外，不做承诺	1) 没有限制。 2) 没有限制。 3) 没有限制。 4) 没有限制。	

⭐第 125 问：黑山教育服务开放承诺和主要政策有哪些？

黑山于 2011 年加入 WTO，承诺开放教育服务市场，具体如表 5-25 所示。

表 5-25 黑山教育服务开放承诺

部门或分部门	市场准入限制	国民待遇限制	其他承诺
5. 教育服务			
A. 初等教育服务（CPC 921）	1）没有限制。 2）没有限制。 3）没有限制。 4）除水平承诺中的内容以外，不做承诺	1）没有限制。 2）没有限制。 3）私立小学只能由本国自然人或法人成立。 4）除水平承诺中的内容以外，不做承诺	
B. 中等教育服务（CPC 922）	1）没有限制。 2）没有限制。 3）没有限制。 4）除水平承诺中的内容以外，不做承诺	1）没有限制。 2）没有限制。 3）没有限制。 4）除水平承诺中的内容以外，不做承诺	
C. 高等教育服务（CPC 923）	1）没有限制。 2）没有限制。 3）没有限制。 4）除水平承诺中的内容以外，不做承诺	1）没有限制。 2）没有限制。 3）没有限制。 4）除水平承诺中的内容以外，不做承诺	
D. 成人教育（CPC 924）	1）没有限制。 2）没有限制。 3）没有限制。 4）除水平承诺中的内容以外，不做承诺	1）没有限制。 2）没有限制。 3）没有限制。 4）除水平承诺中的内容以外，不做承诺	

续表

部门或分部门	市场准入限制	国民待遇限制	其他承诺
E. 其他教育服务（CPC 929） －培训服务（比如语言培训、驾驶培训、行政与管理培训、信息技术培训）和教育考试服务	1) 没有限制。 2) 没有限制。 3) 没有限制。 4) 除水平承诺中的内容以外，不做承诺	1) 没有限制。 2) 没有限制。 3) 没有限制。 4) 除水平承诺中的内容以外，不做承诺	

⭐ 第126问：塞舌尔教育服务开放承诺和主要政策有哪些？

塞舌尔位于非洲东部的印度洋上，于2015年加入WTO，承诺开放教育服务市场，具体如表5-26所示。

表5-26　塞舌尔教育服务开放承诺

部门或分部门	市场准入限制	国民待遇限制	其他承诺
5. 教育服务			
A. 初等教育服务 －学前教育服务（CPC 92110） －其他初等教育服务（CPC 92190）	1) 没有限制。 2) 没有限制。 3) 没有限制。 4) 除水平承诺中的内容以外，不做承诺	1) 没有限制。 2) 没有限制。 3) 没有限制。 4) 除水平承诺中的内容以外，不做承诺	
B. 中等教育服务 －高中教育服务（CPC 92220） －中等职业技术教育服务（CPC92230） －残障学生中等职业技术学校教育服务（CPC 92240）	1) 没有限制。 2) 没有限制。 3) 没有限制。 4) 除水平承诺中的内容以外，不做承诺	1) 没有限制。 2) 没有限制。 3) 没有限制。 4) 除水平承诺中的内容以外，不做承诺	

续表

部门或分部门	市场准入限制	国民待遇限制	其他承诺
C. 高等教育服务 －中等后职业技术教育服务 （CPC 92310）	1）没有限制。 2）没有限制。 3）没有限制。 4）除水平承诺中的内容以外，不做承诺	1）没有限制。 2）没有限制。 3）没有限制。 4）除水平承诺中的内容以外，不做承诺	
D. 成人教育 （CPC 924）	1）没有限制。 2）没有限制。 3）没有限制。 4）除水平承诺中的内容以外，不做承诺	1）没有限制。 2）没有限制。 3）没有限制。 4）除水平承诺中的内容以外，不做承诺	
E. 其他教育服务（CPC 92900） －语言培训 －课余课程 －在学校假期间提供的教育项目； －辅导及预科课程 －行政与管理培训 －信息技术 －教育考试服务	1）没有限制。 2）没有限制。 3）没有限制。 4）除水平承诺中的内容以外，不做承诺	1）没有限制。 2）没有限制。 3）没有限制。 4）除水平承诺中的内容以外，不做承诺	

★第 127 问：瓦努阿图教育服务开放承诺和主要政策有哪些？

瓦努阿图位于南太平洋西部，于 2012 年加入 WTO，承诺开放教育服务市场，具体如表 5-27 所示。

表 5-27 瓦努阿图教育服务开放承诺

部门或分部门	市场准入限制	国民待遇限制	其他承诺
5. 教育服务			

续表

部门或分部门	市场准入限制	国民待遇限制	其他承诺
A. 初等教育服务（CPC 921）	1）没有限制。 2）没有限制。 3）除政府资源资助的服务以外，没有限制，且必须经过瓦努阿图政府的批准以确保机构和个人资格符合适当的标准。 4）除水平承诺中的内容以外，不做承诺	1）没有限制。 2）没有限制。 3）除政府资源资助的服务以外，没有限制。 4）除水平承诺中的内容以外，不做承诺	
B. 中等教育服务（CPC 922）	1）没有限制。 2）没有限制。 3）除政府资源资助的服务以外，没有限制，且必须经过瓦努阿图政府的批准以确保机构和个人资格符合适当的标准。 4）除水平承诺中的内容以外，不做承诺	1）没有限制。 2）没有限制。 3）除政府资源资助的服务以外，没有限制。 4）除水平承诺中的内容以外，不做承诺	
C. 高等教育服务（CPC 923）	1）没有限制。 2）没有限制。 3）除政府资源资助的服务以外，没有限制，且必须经过瓦努阿图政府的批准以确保机构和个人资格符合适当的标准。 4）除水平承诺中的内容以外，不做承诺	1）没有限制。 2）没有限制。 3）除政府资源资助的服务以外，没有限制。 4）除水平承诺中的内容以外，不做承诺	
D. 成人教育（CPC 924）	1）没有限制。 2）没有限制。 3）除政府资源资助的服务以外，没有限制，且必须经过瓦努阿图政府的批准以确保机构和个人资格符合适当的标准。 4）除水平承诺中的内容以外，不做承诺	1）没有限制。 2）没有限制。 3）除政府资源资助的服务以外，没有限制。 4）除水平承诺中的内容以外，不做承诺	

五、比较篇

续表

部门或分部门	市场准入限制	国民待遇限制	其他承诺
E. 其他教育服务（CPC 929）	1）没有限制。 2）没有限制。 3）除政府资源资助的服务以外没有限制，且必须经过瓦努阿图政府的批准以确保机构和个人资格符合适当的标准。 4）除水平承诺中的内容以外，不做承诺	1）没有限制。 2）没有限制。 3）除政府资源资助的服务以外，没有限制。 4）除水平承诺中的内容以外，不做承诺	

✪第128问：汤加教育服务开放承诺和主要政策有哪些？

汤加位于南太平洋西部，于2007年加入WTO，承诺开放教育服务市场，具体如表5-28所示。

表5-28 汤加教育服务开放承诺

部门或分部门	市场准入限制	国民待遇限制	其他承诺
5. 教育服务			
A. 初等教育服务（CPC 921）	1）没有限制。 2）没有限制。 3）没有限制。 4）除水平承诺中的内容以外，不做承诺	1）没有限制。 2）没有限制。 3）没有限制。 4）除水平承诺中的内容以外，不做承诺	
B. 中等教育服务（CPC 922）	1）没有限制。 2）没有限制。 3）没有限制。 4）除水平承诺中的内容以外，不做承诺	1）没有限制。 2）没有限制。 3）没有限制。 4）除水平承诺中的内容以外，不做承诺	
C. 高等教育服务（CPC 923）	1）没有限制。 2）没有限制。 3）没有限制。 4）除水平承诺中的内容以外，不做承诺	1）没有限制。 2）没有限制。 3）没有限制。 4）除水平承诺中的内容以外，不做承诺	

续表

部门或分部门	市场准入限制	国民待遇限制	其他承诺
D. 成人教育 （CPC 924）	1）没有限制。 2）没有限制。 3）没有限制。 4）除水平承诺中的内容以外，不做承诺	1）没有限制。 2）没有限制。 3）没有限制。 4）除水平承诺中的内容以外，不做承诺	
E. 其他教育服务 （CPC 929）	1）没有限制。 2）没有限制。 3）没有限制。 4）除水平承诺中的内容以外，不做承诺	1）没有限制。 2）没有限制。 3）没有限制。 4）除水平承诺中的内容以外，不做承诺	

第129问：哥斯达黎加教育服务开放承诺和主要政策有哪些？

哥斯达黎加于 1995 年加入 WTO，承诺开放教育服务市场，具体如表 5 – 29 所示。

表 5 – 29　哥斯达黎加教育服务开放承诺

部门或分部门	市场准入限制	国民待遇限制	其他承诺
5. 教育服务① A. 初等教育服务 （CPC 921）	1）不做承诺。 2）没有限制。 3）不做承诺。 4）高等教育理事会参与教育机构教师和其他员工有关事宜	1）不做承诺。 2）没有限制。 3）不做承诺。 4）高等教育理事会参与教育机构教师和其他员工有关事宜	

---

① 宪法认为，教育是一项公共服务，由此所有私立教育中心必须服从国家的监管。

续表

部门或分部门	市场准入限制	国民待遇限制	其他承诺
B. 中等教育服务（CPC 922）	1）不做承诺。 2）没有限制。 3）不做承诺。 4）高等教育理事会参与教育机构教师和其他员工有关事宜	1）不做承诺。 2）没有限制。 3）不做承诺。 4）高等教育理事会参与教育机构教师和其他员工有关事宜	
E. 其他教育服务（CPC 92390）	1）不做承诺。 2）不做承诺。 3）禁止以提供大学教育为目的而设立股份有限公司或任何其他类型的商业公司。全国高等教育理事会（CONESUP）批准私立大学的设立和在国内的运作（包括费用、计划、课程、监管等），同时负责批准该类大学的教师和管理者。 4）希望提供教育服务的外籍人员，按照法律要求成为专业学院的成员。同时，其还必须符合国籍和居留要求。仅在没有哥斯达黎加公民迫切需要提供服务的情况下，国立学校才有可能聘用外籍专家	1）不做承诺。 2）不做承诺。 3）不做承诺。 4）希望提供教育服务的外籍人员，按照法律要求成为专业学院的成员。同时，其还必须符合国籍和居留要求。仅在没有哥斯达黎加公民迫切需要提供服务的情况下，国立学校才有可能聘用外籍专家	

☆ 第130问：牙买加教育服务开放承诺和主要政策有哪些？

牙买加于1995年加入WTO，承诺开放教育服务市场，具体如表5-30所示。

教育服务贸易精要

表 5-30　牙买加教育服务开放承诺

部门或分部门	市场准入限制	国民待遇限制	其他承诺
5. 教育服务 A. 初等教育服务 （CPC 921）	1）没有限制。 2）没有限制。 3）没有限制。 注册和当地证书要求。 4）除水平承诺指明的以外，不做承诺	1）没有限制。 2）没有限制。 3）没有限制。 4）除水平承诺指明的以外，不做承诺	
B. 中等教育服务 （CPC 922）	1）没有限制。 2）没有限制。 3）没有限制。 注册和当地证书要求。 4）除水平承诺指明的以外，不做承诺	1）没有限制。 2）没有限制。 3）没有限制。 4）除水平承诺指明的以外，不做承诺	
C. 高等教育服务 （CPC 923）	1）没有限制。 2）没有限制。 3）没有限制。 注册和当地证书要求。 4）除水平承诺指明的以外，不做承诺	1）没有限制。 2）没有限制。 3）没有限制。 4）除水平承诺指明的以外，不做承诺	

☆第131问：刚果（金）教育服务开放承诺和主要政策有哪些？

刚果（金）于1997年加入WTO，承诺开放教育服务市场，具体如表5-31所示。

表 5-31　刚果（金）教育服务开放承诺

部门或分部门	市场准入限制	国民待遇限制	其他承诺
5. 教育服务			
C. 高等教育服务 （CPC 923）	1）没有限制。 2）没有限制。 3）没有限制。 4）除第一部分（编者注：即水平承诺）指明的以外，不做承诺	1）没有限制。 2）没有限制。 3）没有限制。 4）除第一部分（编者注：即水平承诺）指明的以外，不做承诺	

第132问：冈比亚教育服务开放承诺和主要政策有哪些？

冈比亚位于非洲西部，于1996年加入WTO，承诺开放教育服务市场，具体如表5-32所示。

表5-32 冈比亚教育服务开放承诺

部门或分部门	市场准入限制	国民待遇限制	其他承诺
5. 教育服务（CPC 921，924，929）	1）没有限制。 2）没有限制。 3）没有限制。 4）除水平承诺指明的以外，不做承诺	1）没有限制。 2）没有限制。 3）没有限制。 4）除水平承诺指明的以外，不做承诺	

第133问：加纳教育服务开放承诺和主要政策有哪些？

加纳位于非洲西部，于1995年加入WTO，承诺开放教育服务市场，具体如表5-33所示。

表5-33 加纳教育服务开放承诺

部门或分部门	市场准入限制	国民待遇限制	其他承诺
5. 教育服务			
中等和专家（CPC 922，929）	1）没有限制。 2）没有限制。 3）没有限制。 4）除水平承诺指明的以外，不做承诺	1）没有限制。 2）没有限制。 3）没有限制。 4）除水平承诺指明的以外，不做承诺	

第134问：莱索托教育服务开放承诺和主要政策有哪些？

莱索托位于非洲南部，是南部非洲关税同盟成员国，于1995年加入WTO，承诺开放教育服务市场，具体如表5-34所示。

表 5-34 莱索托教育服务开放承诺

部门或分部门	市场准入限制	国民待遇限制	其他承诺
5. 教育服务			
A. 初等教育服务 （CPC 921）	1）没有限制。 2）没有限制。 3）没有限制。 4）除水平承诺指明的以外，不做承诺	1）没有限制。 2）没有限制。 3）没有限制。 4）除水平承诺指明的以外，不做承诺	
B. 中等教育服务 （CPC 922）	1）没有限制。 2）没有限制。 3）没有限制。 4）除水平承诺指明的以外，不做承诺	1）没有限制。 2）没有限制。 3）没有限制。 4）除水平承诺指明的以外，不做承诺	
C. 高等教育服务 （CPC 923）	1）没有限制。 2）没有限制。 3）没有限制。 4）除水平承诺指明的以外，不做承诺	1）没有限制。 2）没有限制。 3）没有限制。 4）除水平承诺指明的以外，不做承诺	
D. 成人教育服务 （CPC 924）	1）没有限制。 2）没有限制。 3）没有限制。 4）除水平承诺指明的以外，不做承诺	1）没有限制。 2）没有限制。 3）没有限制。 4）除水平承诺指明的以外，不做承诺	
E. 其他教育服务 （CPC 929）	1）没有限制。 2）没有限制。 3）没有限制。 4）除水平承诺指明的以外，不做承诺	1）没有限制。 2）没有限制。 3）没有限制。 4）除水平承诺指明的以外，不做承诺	

第135问：马里教育服务开放承诺和主要政策有哪些？

马里是西非一个内陆国家，于1995年加入WTO，承诺开放教育服务市场，具体如表5-35所示。

表 5-35　马里教育服务开放承诺

部门或分部门	市场准入限制	国民待遇限制	其他承诺
5. 教育服务 手工艺领域的成人教育服务（CPC 924）	1）没有限制。 2）没有限制。 3）没有限制。 4）没有限制。	1）没有限制。 2）没有限制。 3）没有限制。 4）没有限制。	

★第136问：卢旺达教育服务开放承诺和主要政策有哪些？

卢旺达位于非洲中东部，于1995年加入WTO，承诺开放教育服务市场，具体如表5-36所示。

表 5-36　卢旺达教育服务开放承诺

部门或分部门	市场准入限制	国民待遇限制	其他承诺
5. 教育服务 D. 成人教育服务（CPC 924）	1）没有限制。 2）没有限制。 3）没有限制。 4）没有限制	1）没有限制。 2）没有限制。 3）没有限制。 4）没有限制	

★第137问：塞拉利昂教育服务开放承诺和主要政策有哪些？

塞拉利昂位于非洲西部，于1995年加入WTO，承诺开放教育服务市场，具体如表5-37所示。

表 5-37　塞拉利昂教育服务开放承诺

部门或分部门	市场准入限制	国民待遇限制	其他承诺
5. 教育服务 （CPC 921~929）	1）没有限制。 2）没有限制。 3）不做承诺。 4）除水平承诺指明的以外，不做承诺，必须取得教育部的批准	1）没有限制。 2）没有限制。 3）不做承诺。 4）除水平承诺指明的以外，不做承诺，具备如下资格：拥有学士或以上学位，并拥有相关专业职称（如教授、高级工程师或讲师及以上等）	

第138问：尼泊尔教育服务开放承诺和主要政策有哪些？

尼泊尔于2004年加入WTO，承诺开放教育服务市场，具体如表5-38所示。

表5-38 尼泊尔教育服务开放承诺

部门或分部门	市场准入限制	国民待遇限制	其他承诺
5. 教育服务			
C. 高等教育服务（CPC 923） D. 成人教育服务（CPC 924） E. 其他教育（CPC 929）	1）没有限制。 2）没有限制。 3）除政府资助的教育服务以及只能通过尼泊尔境内公司且外方股权资本最高为51%以外，没有限制。自加入5年后，外方股权比例可以增加到80%。 4）除水平承诺指明的以外，不做承诺	1）没有限制。 2）没有限制。 3）除政府资助的教育服务以外，没有限制。 4）除水平承诺指明的以外，不做承诺	

第139问：挪威教育服务开放承诺和主要政策有哪些？

挪威于1915年加入WTO，承诺开放教育服务市场，具体如表5-39所示。

表5-39 挪威教育服务开放承诺

部门或分部门	市场准入限制	国民待遇限制	其他承诺
5. 教育服务 教育服务通向授予政府承认的学位和（或）考试。 －初等和初级中等教育服务 －高级中等教育服务 高等教育服务 成人教育	1）同3。 2）没有限制。 3）初等和中等教育是公共服务职能。许可设立的机构和其他法人实体在商业或非商业基础上，提供其他平行或专门化教育。 4）除水平承诺指明的以外，不做承诺	1）没有限制。 2）没有限制。 3）没有限制。 4）除水平承诺指明的以外，不做承诺。来自境外的教学资格可以得到承认，但是必须通过一项考试	

续表

部门或分部门	市场准入限制	国民待遇限制	其他承诺
教育服务不通向授予政府承认的学位和（或）考试	1）没有限制。 2）没有限制。 3）没有限制。 4）除水平承诺指明的以外，不做承诺	1）没有限制。 2）没有限制。 3）没有限制。 4）除水平承诺指明的以外，不做承诺	

★第140问：瑞士教育服务开放承诺和主要政策有哪些？

瑞士于1915年加入WTO，承诺开放教育服务市场，具体如表5-40所示。

表5-40　瑞士教育服务开放承诺

部门或分部门	市场准入限制	国民待遇限制	其他承诺
5. 教育服务 私立教育服务：			
义务教育服务 （初等和中等Ⅰ级）	1）不做承诺。 2）不做承诺。 3）没有限制。 4）不做承诺	1）不做承诺。 2）不做承诺。 3）没有限制。 4）不做承诺	
非义务教育服务 （中等Ⅱ级）	1）没有限制。 2）没有限制。 3）没有限制。 4）除第一部分（编者注：即水平承诺）指明的以外，不做承诺	1）没有限制。 2）没有限制。 3）没有限制。 4）除第一部分（编者注：即水平承诺）指明的以外，不做承诺	
高等教育服务 （CPC 923）	1）没有限制。 2）没有限制。 3）没有限制。 4）除第一部分（编者注：即水平承诺）指明的以外，不做承诺	1）没有限制。 2）没有限制。 3）没有限制。 4）除第一部分（编者注：即水平承诺）指明的以外，不做承诺	

续表

部门或分部门	市场准入限制	国民待遇限制	其他承诺
成人教育服务（CPC 924）	1）没有限制。 2）没有限制。 3）没有限制。 4）除第一部分（编者注：即水平承诺）指明的以外，不做承诺	1）没有限制。 2）没有限制。 3）没有限制。 4）除第一部分（编者注：即水平承诺）指明的以外，不做承诺	

⭐第141问：阿尔巴尼亚教育服务开放承诺和主要政策有哪些？

阿尔巴尼亚于2000年加入WTO，承诺开放教育服务市场，具体如表5-41所示。

表5-41　阿尔巴尼亚教育服务开放承诺

部门或分部门	市场准入限制	国民待遇限制	其他承诺
5. 教育服务（92）			
A. 初等教育服务（921）	1）不做承诺 2）没有限制 3）没有限制 4）除水平承诺指明的以外，不做承诺	1）没有限制。 2）没有限制。 3）没有限制。 4）没有限制	
B. 中等教育服务（922）			
普通中等教育服务（9221）	1）不做承诺。 2）没有限制。 3）没有限制。 4）除水平承诺指明的以外，不做承诺	1）没有限制。 2）没有限制。 3）没有限制。 4）没有限制	
高级中等教育服务（9222）	1）不做承诺。 2）没有限制。 3）没有限制。 4）除水平承诺指明的以外，不做承诺	1）没有限制。 2）没有限制。 3）没有限制。 4）没有限制	

五、比较篇

续表

部门或分部门	市场准入限制	国民待遇限制	其他承诺
C. 高等教育服务（923）	1）不做承诺。 2）没有限制。 3）没有限制。 4）除水平承诺指明的以外，不做承诺	1）没有限制。 2）没有限制。 3）没有限制。 4）没有限制	
D. 成人教育服务（924）	1）不做承诺。 2）没有限制。 3）没有限制。 4）除水平承诺指明的以外，不做承诺	1）没有限制。 2）没有限制。 3）没有限制。 4）没有限制	

✪ 第142问：匈牙利教育服务开放承诺和主要政策有哪些？

匈牙利于1995年加入WTO，承诺开放教育服务市场，具体如表5-42所示。

表5-42 匈牙利教育服务开放承诺

部门或分部门	市场准入限制	国民待遇限制	其他承诺
5. 教育服务 A. 初等教育服务	1）没有限制。 2）没有限制。 3）学校的设立须经当地主管部门的许可。 4）除第一部分（编者注：即水平承诺）指明的以外，不做承诺	1）没有限制。 2）没有限制。 3）没有限制。 4）除第一部分（编者注：即水平承诺）指明的以外，不做承诺	
B. 中等教育服务	1）没有限制。 2）没有限制。 3）学校的设立须经当地主管部门的许可。 4）除第一部分（编者注：即水平承诺）指明的以外，不做承诺	1）没有限制。 2）没有限制。 3）没有限制。 4）除第一部分（编者注：即水平承诺）指明的以外，不做承诺	

续表

部门或分部门	市场准入限制	国民待遇限制	其他承诺
C. 高等教育服务	1）没有限制。 2）没有限制。 3）学校的设立须经当地主管部门的许可。 4）除第一部分（编者注：即水平承诺）指明的以外，不做承诺	1）没有限制。 2）没有限制。 3）没有限制。 4）除第一部分（编者注：即水平承诺）指明的以外，不做承诺	
D. 成人教育服务	1）没有限制。 2）没有限制。 3）学校的设立须经当地主管部门的许可。 4）除第一部分（编者注：即水平承诺）指明的以外，不做承诺	1）没有限制。 2）没有限制。 3）没有限制。 4）除第一部分（编者注：即水平承诺）指明的以外，不做承诺	

第143问：波兰教育服务开放承诺和主要政策有哪些？

波兰于1995年加入WTO，承诺开放教育服务市场，具体如表5-43所示。

表5-43 波兰教育服务开放承诺

部门或分部门	市场准入限制	国民待遇限制	其他承诺
5. 教育服务			
私立教育服务 （CPC 921，922，923，924）	1）公共教育体系和奖学金不涵盖来自外方的教育服务提供。 2）公共教育体系和奖学金不涵盖来自外方的教育服务提供。 3）没有限制。 4）除水平承诺事项以外，不做承诺	1）没有限制。 2）没有限制。 3）没有限制。 4）没有限制	

✪第144问：捷克教育服务开放承诺和主要政策有哪些？

捷克于1995年加入WTO，承诺开放教育服务市场，具体如表5-44所示。

表5-44 捷克教育服务开放承诺

部门或分部门	市场准入限制	国民待遇限制	其他承诺
5. 教育服务 私立教育 （CPC 921, 922, 923, 924, 929）	1）没有限制。 2）没有限制。 3）外籍人士设立并管理一所教育机构以开展教学，必须得到主管机构的许可。质量保障、教学水平和适宜的学校设备是前提条件。 4）除水平承诺指明的以外，不做承诺	1）没有限制。 2）没有限制。 3）除董事会多数成员必须是捷克公民以外，没有限制。 4）除水平承诺指明的以外，不做承诺	

✪第145问：斯洛伐克教育服务开放承诺和主要政策有哪些？

斯洛伐克于1995年加入WTO，承诺开放教育服务市场，具体如表5-45所示。

表5-45 斯洛伐克教育服务开放承诺

部门或分部门	市场准入限制	国民待遇限制	其他承诺
5. 教育服务 A. 初等教育服务（CPC 921） B. 中等教育服务（CPC 922） C. 高等教育服务（CPC 92310） D. 成人教育（CPC 924） E. 其他教育服务（CPC 929）	1）没有限制。 2）没有限制。 3）外籍人员依照资格和设施要求设立并管理教育机构以开展教学，必须得到主管部门的许可。 4）除水平承诺指明的以外，不做承诺	1）没有限制。 2）没有限制。 3）除董事会成员大多数必须是斯洛伐克公民以外，没有限制。 4）除水平承诺指明的以外，不做承诺	

★第146问：保加利亚教育服务开放承诺和主要政策有哪些？

保加利亚于1996年加入WTO，承诺开放教育服务市场，具体如表5-46所示。

表5-46 保加利亚教育服务开放承诺

部门或分部门	市场准入限制	国民待遇限制	其他承诺
5. 教育服务①			
A. 初等教育服务 私立初等教育服务 （CPC 921 部分）	1）不做承诺。 2）没有限制。 3）私立初等学校由教育委员会核准的法人设立。符合国家教育和健康要求是一个前提条件。 对自然人和社团不做承诺。 4）除上述3）和水平承诺指明的以外，不做承诺	1）没有限制。 2）没有限制。 3）没有限制。 4）除水平承诺指明的以外，不做承诺。前提条件是保加利亚公民。外国公民在满足永久居留、教育和专业资格承认条件后，可以从事教学	
B. 中等教育服务 私立中等教育服务 （CPC 922 部分）	1）不做承诺。 2）没有限制。 3）私立中等学校由教育委员会核准的法人设立。符合国家教育和健康要求是一个前提条件。 对自然人和社团不做承诺。 4）除上述3）和水平承诺指明的以外，不做承诺	1）没有限制。 2）没有限制。 3）没有限制。 4）除水平承诺指明的以外，不做承诺。前提条件是保加利亚公民。外国公民在满足永久居留、教育和专业资格承认条件后，可以从事教学	

---

① 本部门做出的承诺不涉及国立、市立及私立宗教教育机构。

五、比较篇

续表

部门或分部门	市场准入限制	国民待遇限制	其他承诺
D. 成人教育 私立成人教育服务 （CPC 924 部分）	1）没有限制。 2）没有限制。 3）没有限制。 4）除水平承诺指明的以外，不做承诺	1）没有限制。 2）没有限制。 3）没有限制。 4）除水平承诺指明的以外，不做承诺	

第147问：奥地利教育服务开放承诺和主要政策有哪些？

奥地利于1995年加入WTO，承诺开放教育服务市场，具体如表5-47所示。

表5-47 奥地利教育服务开放承诺

部门或分部门	市场准入限制	国民待遇限制	其他承诺
5. 教育服务 A. B. 初等教育和中等教育服务 （CPC 921，922）	1），2），3）没有限制。 4）除第一部分（编者注：即水平承诺）指明的以外，不做承诺	1），2），3）没有限制。 4）除第一部分（编者注：即水平承诺）指明的以外，不做承诺	
D. 成人教育 （CPC 9240 运用广播和电视方式提供的成人教育服务除外）	1），2），3）没有限制。 4）除第一部分（编者注：即水平承诺）指明的以外，不做承诺	1），2），3）没有限制。 4）除第一部分（编者注：即水平承诺）指明的以外，不做承诺	

第148问：中国台北教育服务开放承诺和主要政策有哪些？

中国台北于2002年加入WTO，承诺开放教育服务市场，具体如表5-48所示。

表 5-48 中国台北教育服务开放承诺

部门或分部门	市场准入限制	国民待遇限制	其他承诺
5. 教育服务			
与 CPC 9222，9223，9224，923，924 和 929 所表述之教育服务相关的海外学生安置服务	1）没有限制。 2）没有限制。 3）没有限制。 4）除水平承诺指明的以外，不做承诺	1）没有限制。 2）没有限制。 3）没有限制。 4）除水平承诺指明的以外，不做承诺	
教育服务（CPC 9222，9223，9224，923，924，929）	1）没有限制。 2）没有限制。 3）除下列以外没有限制： （a）校长及董事长必须具有中国台北籍； （b）外籍人士担任董事者不得超过董事总额的1/3，且不得超过5人。 4）除水平承诺指明的以外，不做承诺	1）没有限制。 2）没有限制。 3）没有限制。 4）除水平承诺指明的以外，不做承诺	

六、趋势篇

★第149问：WTO改革前景如何？

答：WTO改革向何处去，备受关注。主要成员关于WTO需要改革具有共识，但是对于具体改什么、如何改分歧严重。WTO改革的实质是关于新时期国际贸易和投资规则的重新厘定。规则不仅影响现实蛋糕，而且攸关长远利益，因此各方博弈非常激烈。WTO改革博弈形成了规则和制度之争。由于各方利益关切五花八门，关系错综复杂，加之WTO奉行协商一致原则，预计WTO改革将非常吸引眼球，但是改革进程将非常缓慢，近期内难有实质性结果。不过，这并不影响WTO在全球的重要地位和继续发挥重要作用，因为WTO现有的一系列规则仍然有效。

WTO的改革进程很大程度上取决于贸易大国及主要经济集团间的博弈，尤其是中美博弈以及中美与其他国家间的博弈。美国政府近年来的"退群"是有选择性的，主动退出的是全球责任和经济负担，如联合国教科文组织和联合国人权理事会，而不是全球化利益。WTO作为全球经济体制三大支柱之一，关系到美国广泛的经济利益，无论如何美国是不会退出的，甚至连削减参与力度的可能性都不会存在。其他成员也是一样的。

中美经贸博弈将继续在双边和WTO多边舞台激烈展开，现实利益分歧通过双边舞台讨价还价，规则之争则借助WTO改革进行博弈。在签署第一阶段经贸协议后，WTO 将成为中美经贸博弈下一阶段的重点舞台。在 WTO 的舞台，中美将就 WTO 运行机制的权威性与有效性、市场经济地位、国有企业地位、政府补贴、发展中国家地位等继续进行激烈博弈。预计中国的市场经济地位在较长一段时期内不会被欧美国家承认，美国将进一步把消除非市场经济导向政策影响作为国际贸易投资新规则的逻辑起点，并以此对中国进行道德批判。如果美国主导的针对非市场经济制定的排他性贸易投资规则最终成为 WTO 改革成果而被采纳，那么中国未来的发展将被套上重重的枷锁，甚至要面临被重新排斥到多边贸易体系之外的风险。另外，预计在 WTO 改革中，中国的发展中成员身份会得到坚持，但在某些方面我们会主动放弃一些权利。

☆ 第 150 问：区域经贸合作前景如何？

答：WTO 多边谈判受阻之后，区域经贸合作出现了明显加强的趋势，预计这一趋势将进一步拓展。目前，区域经贸合作不仅成为部分成员抱团取暖的常态举措，更成为大国关于国际贸易及其规则博弈的重要途径。美国在奥巴马政府时期，积极推进跨太平洋伙伴关系协议（TPP）和跨大西洋贸易与投资伙伴协议（TIIP）谈判，并希望以 TPP 和 TIIP 为抓手构建美国主导的新经济联盟，系统布局美国主导国际贸易新规则。TPP 谈判于 2015 年完成并发布最终协议文本。2017 年，特朗普入主白宫后，宣布美国退出 TPP，转而寻求签署美国—墨西哥—加拿大协定（USMCA），推行新的区域经贸合作游戏规则。美国退出后，在日本牵头主导下，原来参与 TPP 谈判的十一国同意签署改为新名称的"全面与进步跨太平洋伙伴关系协定（CPTPP）"。CPTPP 继续沿用 TPP 谈判达成的协定文本，意味着美国在亚太地区成功推广了新贸易规则。美国退出 TPP，并不意味着退出亚太市场。拜登政府上台后，积极推行印太战略，在成立美国、英国、澳大利亚三边安全伙伴关系（AUKUS）和美国、日本、印度、澳大利亚四方对话机制（QUDA）的同时，联合日本、韩国、澳大利亚、新西兰、新加坡、泰国、菲律宾等传统盟友和印度、印度尼西亚、马来西亚、越南、文莱等战略伙伴，于 2022 年 5 月推出印太经济框架（IPEF），宣布要在贸易、供应链、洁净能源和反腐等领域加强合作，为 21 世纪制定新贸易规则。

目前，亚太地区是区域经贸合作主要目标对象，东盟 10 + 3（中国、日本、韩国)合作机制已经建立并成功运行,东盟10+6(中国、日本、韩国、澳大利亚、新西兰、印度)区域全面经济伙伴关系谈判已经完成,RCEP已经生效,中日韩自由贸易区谈判停停走走,"一带一路"建设引起广泛关注。可以预计,在各种区域经贸合作框架内,教育服务都不会缺位,但也不会占据主导地位。另外,预计今后越来越多的区域经贸合作协定会引入负面清单模式,教育服务谈判及教育对外开放要密切关注负面清单模式下的市场准入和投资准入。

⭐ 第151问:国际贸易新规则进展及趋势如何?

答: 所谓国际贸易新规则,主要指美国近年主导推行的一系列国际贸易规则调整,其核心是通过推动服务业开放和知识产权保护来更好地发挥美国等发达经济体的竞争优势。同时,通过更全面的国民待遇原则、公平竞争或者竞争中性原则、环保和劳工等高标准来削弱新兴经济体的竞争优势。通过对非市场导向政策的孤立和惩罚,限制中国等国家体制优势的发挥,削弱中国的国际竞争力。

奥巴马政府期间,美国聚焦通过"3T"(即TPP,TIPP和TISA)谈判来推进实施体现美国意志的投资贸易新规则,核心内容包括以下6个方面。

(1)服务业开放,尤其是金融和信息服务业的开放。

(2)知识产权保护。

(3)环境保护标准和劳动保护标准。提高新兴经济体的环保成本和劳动成本,削弱其竞争力。

(4)公平竞争或者竞争中性原则。消除对国有企业的政策支持和金融支持,消除对外资企业的歧视。

(5)透明度原则。

(6)推广"准入前国民待遇"加"负面清单"模式。当年在与中国进行的投资协定谈判(BIT)中,美方极力主张和坚持的也主要是上述新规则。

特朗普入主白宫后大幅改变了前任策略,主要通过双边经贸协议谋求现实利益,同时通过WTO谈判改变基础规则,通过与核心盟友合作新设游戏规则的方法,全力推进美国主导的新规则,并提出了一系列新主张,如三零原则(即零关税、零壁垒、零补贴)、增加对非市场导向政策的孤立和惩罚措施、实施技术封锁等。2017年，美国高调退出TPP，全面搁置TIPP和TISA谈判，强迫加拿大、墨西哥、日本和韩国重新谈判自贸协定，用贸易战取代中美投资协定谈判。同年12月，美国、欧盟和日本启动"三边进程"，三方贸易部长（欧盟为贸易代表）定期不定期举行会议，讨论制定"21世纪贸易新规则"，设计在WTO改革中推进这些新规则的概念框架与建议文本。在特朗普主政时期，美、欧、日三方贸易部长共举行7次会议并发表了7份联合公报。尽管"21世纪贸易新规则"正式文本尚未公开，但从历次联合公报的关注点可看到大致框架和倾向性意见，无外乎市场经济、产业补贴、国有企业特殊规则和知识产权保护等，其指向性非常明确，就是要解决政府资助和支持的产能扩张、大规模扭曲市场的补贴和国有企业造成的不公平竞争条件、强迫技术转让等所谓的非市场体制扭曲问题。

在与加拿大、墨西哥达成的USMCA中，美国专门增设了非市场经济国家的排他性条款，规定美加墨三方任何一方如果与非市场经济国家签订自贸协定，其他各方有权提前6个月通知终止适用美墨加协议，并且用双边协定取代。这被认为是主要针对中国的"毒丸条款"，旨在限制中国与墨西哥或加拿大达成相关的自贸协议，限制中国加入CPTPP（因为加拿大和墨西哥都是CPTPP成员）。美国主导的贸易新规则很大程度上将与中国产生难以调和的经济体制争议。如果这种体制性争议不能在短期内和解，我国与欧美国家的教育交流合作，特别是高层次深度合作将受到严重影响。

★ 第152问：我国FTA建设前景如何？

答：聚焦周边国家、"一带一路"沿线和主要贸易伙伴，加快布局自由贸易区，是十八大确立的国家战略。预计在美国主导的贸易新规则形成体制性压力的前提下，为争取战略主动，我国与有关国家和地区建设自由贸易区的步伐将明显加快，通过提前布局，以化解被孤立封锁的风险。另外，在相关FTA谈判中，我国将积极引进负面清单模式等新规则，扩大服务贸易开放，教育服务贸易面临新发展，借助教育服务贸易扩大教育开放具有新空间。

目前，我国参与谈判的自贸协定有：数字经济伙伴关系协定（DEPA），中国－海合会FTA，中日韩FTA，中国－斯里兰卡FTA，中国－以色列FTA，中国－挪威FTA，中国－摩尔多瓦FTA，中国－巴拿马FTA，中国－

六、趋势篇

巴勒斯坦 FTA 等。同时，正在与哥伦比亚、巴布亚新几内亚、加拿大、孟加拉国、蒙古等进行 FTA 联合研究。2021 年 9 月 16 日，中国正式提出加入 CPTPP 申请，目前仍在积极磋商阶段。另外，中欧全面投资协定 CAI（亦称中欧双边投资协定，即 BIT）已于 2020 年 12 月 30 日由中欧双方领导人宣布完成谈判，但后来受美国政府搅局，欧洲议会于 2021 年 5 月 20 日借口新疆问题，投票冻结了中欧全面投资协定议案，截至 2024 年 9 月仍处于搁置状态。

展望未来，我国今后将聚焦"一带一路"和周边地区建设，与更多的国家和地区商建高水平自由贸易区，更加积极地推动区域经济开放发展。围绕 FTA 建设，努力在"一带一路"沿线培育发展高水平教育服务市场，具有重要价值。

☆ 第 153 问：中国申请加入 CPTPP 前景如何？

答：CPTPP 的前身是美国政府主导打造的亚太盟友小圈子，旨在遏制中国不断增长的经济实力和地区影响力。美国宣布退出后，该组织失去了最大目标市场，从而为我国申请加入提供了契机。申请加入 CPTPP 体现了我国谋求在更高标准的国际经贸领域有所作为的雄心，也是对美国战略博弈的重要举措。我国于 2021 年 9 月正式提出加入 CPTPP 的申请，但迄今为止尚未获准启动正式加入程序。

CPTPP 具有遏制、排斥中国的先天基因。现有 11 位成员，部分是美国传统盟友，部分是其潜在盟友。美国虽然不是 CPTPP 正式成员，但是因为广泛存在的盟友关系及其对盟友的约束，美国可以较轻松地影响 CPTPP 发展方向，阻止中国成为 CPTPP 正式成员。CPTPP 接收新成员坚持各签署方协商一致的基本准则，这意味着任何一个成员的不同意见都将对我国加入申请造成否决。目前来看，加拿大和墨西哥几乎没有对我国投赞成票的可能。因为，在美国主导制定的 USMCA 中，专门有一条针对所谓"非市场经济国家"的"毒丸条款"，明确规定"任何一方如果与非市场经济国家签订自贸协定，其他各方有权提前 6 个月通知终止适用 USMCA 协议，并且用双边协定取代"。这无疑为加拿大和墨西哥套上了"紧箍咒"，使加拿大和墨西哥无法在 CPTPP 委员会为中国加入投赞成票。

由此可以判断，中国加入 CPTPP 的主要障碍不在 CPTPP 诸成员，而在美国。鉴于 CPTPP 的初衷及美国对盟友的影响力，我国在短期内加入 CPTPP 的可能性几乎不存在，未来存在较大不确定性。

✪ 第 154 问：中国申请加入数字经济伙伴关系协定前景如何？

答：DEPA 即数字经济伙伴关系协定的英文首字母缩写，由新加坡、智利、新西兰于 2020 年 6 月共同签署，是数字化时代首份诸边数字经济区域协定，涵盖商业和贸易便利化、数据问题、新兴趋势和技术、创新与数字经济、中小企业合作等 16 个模块。2024 年 5 月，韩国成为 DEPA 第 4 位正式成员。我国于 2021 年 11 月 1 日提出加入 DEPA 的申请（2022 年 8 月 18 日正式成立加入工作组，标志着谈判的全面展开。截至 2024 年 9 月，该工作组已举行五轮首席谈判代表会议）。数字化是全球经济发展重要趋势特点，数据正成为关键性生产要素，数字贸易成为国际贸易新增长点。美国和日本已于 2019 年签署《美日数字贸易协定》（UJDTA），在数字贸易国际规则和标准制定方面走在世界前列。DEPA 作为首个区域性诸边数字贸易协定，具有一定的代表性，也对推动和规范区域数字贸易发展具有标杆意义。加入 DEPA 后，我国可在未来数字经济发展及数字贸易领域争取更大上午主动性。

✪ 第 155 问：中国—欧盟全面投资协定前景如何？

答：中国—欧盟全面投资协定（CAI）亦称中欧双边投资协定谈判，其始于 2014 年。历时 7 年共 35 轮谈判，2020 年 12 月 30 日中欧领导人共同宣布如期完成中欧投资协定谈判。这本是一份对于中欧双方都将带来巨大利益的互惠协定。美国拜登政府上台后，继续实施对华战略博弈，不欲看到传统盟友欧盟与中国、俄罗斯走得太近，频繁在中国和欧盟之间作梗，逼欧盟选边站队，着力强化跨大西洋联盟。2021 年 5 月 20 日，欧洲议会跟随美国干预我国新疆问题，投票决定冻结 CAI 议案，省略了协定生效前的议会审议环节，从而使该协定被迫搁置。至于未来能否重启议会审议，尚且存在非常大的不确定性。

六、趋势篇

☉ 第 156 问：我国 FTZ 建设前景如何？

答：自党的十八大以来，我国大批量启动了自由贸易试验区建设，在某种程度上是为了主动适应新一轮国际贸易规则的调整，深化国内改革开放，探索建设更高水平的开放型经济体系，积极谋求国际贸易规则调整中的战略主动。新一轮国际贸易规则的调整，主导权依然在欧美国家手中，目前远没有调整完毕，而且引入了涉及体制性争议的新条款。在这种情况下，自由贸易试验区具体试验什么，向什么方向发展，将面临现实挑战。继续试验一些制度性创新，无疑是必要的，但是能否就此化解与美国主导的新规则形成的体制性争议，存在不确定性。在试验区内试验几项制度创新相对容易，但是试验某项颠覆性新体制难以想象。在各地的自贸区试验中，引进境外教育资源，集中开展中外合作办学，具有较大的内在冲动，预计未来一段时期内会有一些数量变化。在自贸区范围内，中外合作办学治理模式有可能取得率先突破。

☉ 第 157 问：教育服务贸易发展前景如何？

答：教育服务贸易将与公共教育服务长期并存，在相互补充中共同发展，不会出现二者的相互取代。教育服务贸易不会取代公共教育服务，公共教育服务也不可能完全取代教育服务贸易。随着经济发展水平进一步提高，我国对基础教育阶段公共财政的投入力度将逐渐加大，学前教育和高中阶段教育政府职能将趋于加强，公共教育服务供给趋于增加。这一趋势在《市场准入负面清单》最近两年的变化中已经有所体现。例如，在2018年版《市场准入负面清单》中，涉及教育服务的禁止准入事项包括以下两类：

（1）禁止开展违反中国法律，损害国家主权、安全和社会公共利益的教育对外交流项目。

（2）禁止举办实施军事、警察、政治等特殊性质教育的民办学校和义务教育的营利性民办学校。

在2019年版《市场准入负面清单》中除上述两项外，新增两类禁止准入，具体为：

（1）禁止社会资本通过兼并收购、受托经营、加盟连锁、利用可变利益实体、协议控制等方式控制国有资产或集体资产举办的幼儿园、非营利性幼儿园。

（2）禁止民办园单独或作为一部分资产打包上市；禁止上市公司通过股票市场融资投资营利性幼儿园，禁止上市公司通过发行股份或支付现金等方式购买营利性幼儿园资产。

✪ 第158问：教育服务贸易有哪些创新趋势？

答：随着信息技术快速发展并广泛应用，传统教育模式出现了新变革，教育服务贸易相应出现了新趋势。2020年年初，新冠病毒感染突袭而至，导致全球各地校园关门停摆，各国被迫进行了长达数月的纯线上教学改革全球实验，这是教育发展史上前所未有的创举。这场全球性教学实验不仅成功应对了疫情对教育的冲击，而且全面检阅了网络教育理论框架和实时网络教育技术发展水平，广泛探索了网络教育模式方法，普及了网络教育模式理念。这场史无前例的实时网络教育全球大展播，为跨境交付教育服务贸易发展壮大创造了历史性机遇。可以预计，教育服务贸易跨境交付将迎来大发展，实时网络技术将被广泛应用，跨境交付将更加广泛地与境外消费、商业存在等模式相结合，进而创造出一系列综合型教育服务贸易新模式。

质量保障仍然是困扰教育服务贸易发展的焦点话题，特别是跨境交付的教育服务贸易如何有效确保质量，保护消费者合法权益，依然属于国际性难题。教育服务贸易质量保障主要依托服务提供者的自律和所在地政府当局的有效监管，以及基于消费者投诉的追责机制。无论是加强各成员的属地化监管，还是支持消费者跨境投诉及追责，未来还有很多工作要做，非常有必要在今后的区域经贸合作安排中强化这方面的相关内容。展望未来，教育服务贸易在继续关注市场准入和投资准入的同时，也会将质量保障提升为新议题。

✪ 第159问：教育服务贸易会成为我国教育对外开放的主渠道吗？

答：不会。教育服务贸易是我国教育对外开放工作的重要补充，但是，

六、趋势篇

无论是"引进来"还是"走出去",教育服务贸易都不会构成我国教育对外开放主渠道。过去不是,现在不是,今后也不会。今后如何把教育服务贸易与传统教育对外开放工作有机结合起来,是一门艺术,特别是在教育国际交流合作容易被意识形态干扰之时,依托市场机制,发展教育服务贸易,可能会使合作变得更简单、更可持续。

✪ 第160问：逆全球化潮流会给教育服务贸易带来哪些影响？

答：近年来,民族主义在部分地区兴起,逆全球化潮流涌动,贸易保护主义有日益加剧的趋势,特别是美国针对中国的贸易摩擦持续升级,对华技术打压和学术封锁有增无减,对华教育合作陷入防范技术流失与贸易流失不能两全的矛盾之中,中美教育合作前景不容乐观。2020年,全球教育服务贸易出现了明显萎缩,美国、英国、澳大利亚和加拿大等传统教育服务贸易大国市场规模均因中国学生人数减少而大幅下滑。但学校通过国际市场配置资源的诉求依然强烈,家长通过多元化教育选择培养下一代的追求依然坚定,这一切决定了教育服务贸易市场萎缩只是暂时现象,或者说是周期性现象。短期而言,教育服务贸易市场寒潮还将持续,特别是中国持续十多年的出国留学热潮可能会明显降温（除非中美技术合作达成新的谅解）,中外合作办学会更趋理性,人文交流和汉语推广面临收缩,来华留学则面临新困难。

✪ 第161问：教育国际化前景趋势如何？

答：展望未来,全球化趋势还在,因为市场理性还没有大面积消失。为了排除逆全球化潮流的干扰,全球化需要升级换代,走上新的通道。目前,东西方各国都在铆足劲探寻升级换代的捷径,谋求在更高水平上全球化发展的主动。教育国际化不会落后,更不会退出舞台。大家都明白,在全球化博弈时代,无论是国家还是行业,只有开放才有出路,封闭只能是死路一条。更何况,全球教育服务大市场业已形成,主要人口聚集区和经济活动区教育服务市场均已制度性开放,重启的难度并不大。教育国际化发展的市场基础并没有出现根本性改变。从经验的角度看，教育国际化有利于全球教育资源优化配置，无论对于激发创新思维，拓展文明视野，还是提升人力资源开发效率，都具有显著的积极作用。这既符合市场规律，也符合人性特点，还有益于文明进步。为顺应全球化升级换代和新技术发展潮流，教育国际化模式创新将层出不穷，信息跨境流动与人员、机构、项目跨境流动同时发展，离岸、在地与云端交流合作共同演绎，是未来教育国际化发展的新常态。

附 录

✪1. 服务贸易总协定

[编者注:服务贸易总协定法律文本以英文、法文和西班牙文版为准,中译本仅供参考。]

各成员:

认识到服务贸易对世界经济增长和发展日益增加的重要性。

希望建立一个服务贸易原则和规则的多边框架,以期在透明和逐步自由化的条件下扩大此类贸易,并以此为手段促进所有贸易伙伴的经济增长和发展中国家的发展。

期望在给予国家政策目标应有尊重的同时,通过连续回合的多边谈判,在互利基础上促进所有参加方的利益,并保证权利和义务的总体平衡,以便早日实现服务贸易自由化水平的逐步提高。

认识到各成员为实现国家政策目标,有权对其领土内的服务提供进行管理并采用新的法规;同时,也认识到由于不同国家服务法规发展程度方面存在的不平衡,发展中国家特别需要行使此权利。

期望便利发展中国家更多地参与服务贸易和扩大服务出口,特别是通过增强其国内服务能力、效率和竞争力。

特别考虑到最不发达国家由于特殊的经济状况及其在发展、贸易和财政方面的需要而存在的严重困难。

特此协议如下：

第1部分　范围和定义

第1条　范围和定义

1. 本协定适用于各成员影响服务贸易的措施。

2. 就本协定而言，服务贸易定义为：

（a）自一成员领土向任何其他成员领土提供服务；

（b）在一成员领土内向任何其他成员的服务消费者提供服务；

（c）一成员的服务提供者通过在任何其他成员领土内的商业存在提供服务；

（d）一成员的服务提供者通过在任何其他成员领土内的自然人存在提供服务。

3. 就本协定而言：

（a）"成员的措施"指：

（i）中央、地区或地方政府和主管机关所采取的措施；

（ii）由中央、地区或地方政府或主管机关授权行使权力的非政府机构所采取的措施。在履行本协定项下的义务和承诺时，每一成员应采取其所能采取的合理措施，以保证其领土内的地区、地方政府和主管机关以及非政府机构遵守这些义务和承诺。

（b）"服务"包括任何部门的任何服务，但在行使政府职权时提供的服务除外。

（c）"行使政府职权时提供的服务"指既不依据商业基础提供，也不与一个或多个服务提供者竞争的任何服务。

第2部分　一般义务和纪律

第2条　最惠国待遇

1. 关于本协定涵盖的任何措施，每一成员对于任何其他成员的服务和服务提供者，应立即和无条件地给予不低于其给予任何其他国家同类服务和服务提供者的待遇。

2. 每一成员可维持与第1款不一致的措施,只要该措施已列入《关于第2条豁免的附件》,并符合该附件中的条件。

3. 本协定的规定不得解释为阻止任何成员对相邻国家授予或给予优惠,以便利仅限于毗连边境地区的当地生产和消费的服务的交换。

第3条 透明度

1. 除紧急情况外,每一成员应迅速公布有关或影响本协定运用的所有普遍适用的措施,最迟应在此类措施生效之时。若一成员为签署方的有关或影响服务贸易的国际协定也应予以公布。

2. 如第1款所指的公布不可行,则应以其他方式使此类信息可公开获得。

3. 每一成员应迅速并至少每年向服务贸易理事会通知对本协定项下具体承诺所涵盖的服务贸易有重大影响的任何新的法律、法规、行政准则或现有法律、法规、行政准则的任何变更。

4. 每一成员对于任何其他成员关于提供属第1款范围内的任何普遍适用的措施或国际协定的具体信息的所有请求应迅速予以答复。每一成员还应设立一个或多个咨询点,以应请求就所有此类事项和需遵守第3款中的通知要求的事项向其他成员提供具体信息。此类咨询点应在建立世界贸易组织协定(在本协定中称为WTO协定)生效之日起2年内设立。对于个别发展中国家成员,可同意在设立咨询点的时限方面给予它们适当的灵活性。咨询点不必是法律和法规的保存机关。

5. 任何成员可将其认为影响本协定运用的、任何其他成员采取的任何措施通知服务贸易理事会。

第3条之二 机密信息的披露

本协定的任何规定不得要求任何成员提供,一经披露即妨碍执法或违背公共利益或损害特定公私企业合法商业利益的机密信息。

第4条 发展中国家的更多参与

1. 不同成员应按照本协定第三部分和第四部分的规定,通过谈判达成有关以下内容的具体承诺,以便利发展中国家成员更多地参与世界贸易:

(a) 增强其国内服务能力、效率和竞争力,特别是通过在商业基础上获得技术;

(b) 改善其进入分销渠道和利用信息网络的机会;

(c) 在对其有出口利益的部门和服务提供方式实现市场准入自由化。

2. 发达国家成员和在可能的限度内的其他成员，应在《WTO 协定》生效之日起 2 年内设立联络点，以便利发展中国家成员的服务提供者获得与其各自市场有关的、关于以下内容的信息：

（a）服务提供的商业和技术方面的内容；

（b）专业资格的登记、认可和获得；

（c）服务技术的可获性。

3. 在实施第 1 款和第 2 款时，应对最不发达国家成员给予特别优先。鉴于最不发达国家的特殊经济状况及其发展、贸易和财政需要，对于它们在接受谈判达成的具体承诺方面存在的严重困难应予特殊考虑。

第 5 条　经济一体化

1. 本协定不得阻止任何成员参加或达成在参加方之间实现服务贸易自由化的协定，只要此类协定：

（a）涵盖众多服务部门①。

（b）规定在该协定生效时或在一合理时限的基础上，对于（a）项所涵盖的部门，在参加方之间通过以下方式不实行或取消第 17 条意义上的实质上所有歧视：

（i）取消现有歧视性措施；

（ii）禁止新的或更多的歧视性措施，但第 11 条、第 12 条、第 14 条以及第 14 条之二下允许的措施除外。

2. 在评估第 1 款（b）项下的条件是否得到满足时，可考虑该协定与有关国家之间更广泛的经济一体化或贸易自由化进程的关系。

3.（a）如发展中国家为第 1 款所指类型协定的参加方，则应依照有关国家总体和各服务部门及分部门的发展水平，在第 1 款所列条件方面，特别是其中（b）项所列条件方面给予灵活性。

（b）尽管有第 6 款的规定，但是在第 1 款所指类型的协定只涉及发展中国家的情况下，对此类协定参加方的自然人所拥有或控制的法人仍可给予更优惠的待遇。

4. 第 1 款所指的任何协定应旨在便利协定参加方之间的贸易，并且与订立该协定之前的适用水平相比，对于该协定外的任何成员，不得提高相

---

① 此条件应根据部门数量、受影响的贸易量和提供方式进行理解。为满足此条件，协定不应规定预先排除任何服务提供方式。

应服务部门或分部门内的服务贸易壁垒的总体水平。

5. 如果因第1款下的任何协定的订立、扩大或任何重大修改,一成员有意修改或撤销一具体承诺,因而与其减让表中所列条款和条件不一致,则该成员应至少提前90天通知该项修改或撤销,并应适用于第21条第2款、第3款和第4款中所列程序。

6. 任何其他成员的服务提供者,如属根据第1款所指协定参加方的法律所设立的法人,则有权享受该协定项下给予的待遇,只要该服务提供者在该协定的参加方领土内从事实质性商业经营。

7. (a) 属第1款所指任何协定参加方的成员应迅速将任何此类协定及其任何扩大或重大修改通知服务贸易理事会。它们还应使理事会可获得其所要求的有关信息。理事会可设立工作组,以审查此类协定及其扩大或修改,并就其与本条规定的一致性问题向理事会提出报告。

(b) 属第1款所指的在一时限基础上实施的任何协定参加方的成员应定期就协定的实施情况向服务贸易理事会提出报告。理事会如认为必要,可设立工作组,以审查此类报告。

(c) 依据 (a) 项和 (b) 项所指的工作组的报告,理事会可向参加方提出其认为适当的建议。

8. 属第1款所指的任何协定参加方的成员,不可对任何其他成员从此类协定中可能获得的贸易利益寻求补偿。

第5条之二 劳动力市场一体化协定

本协定不得阻止任何成员参加在参加方之间实现劳动力市场完全一体化①的协定,只要此类协定:

(a) 对协定参加方的公民免除有关居留和工作许可的要求。

(b) 通知服务贸易理事会。

第6条 国内法规

1. 在已做出具体承诺的部门中,每一成员应保证所有影响服务贸易的普遍适用的措施以合理、客观和公正的方式实施。

2. (a) 对每一成员应维持或尽快设立司法、仲裁或行政庭或程序,在受影响的服务提供者的请求下,对影响服务贸易的行政决定迅速进行审查,

---

① 一般情况下,此类一体化为其参加方的公民提供自由进入各参加方就业市场的权利,并包括有关工资条件及其他就业和社会福利条件的措施。

并在请求被证明合理的情况下提供适当的补救。如此类程序并不独立于做出有关行政决定的机构,则该成员应保证此类程序在实际中提供客观和公正的审查;

(b) (a) 项的规定不得解释为要求一成员设立与其宪法结构或其法律制度的性质不一致的法庭或程序。

3. 对已做出具体承诺的服务,如提供此种服务需要得到批准,则一成员的主管机关应在根据其国内法律法规被视为完整的申请提交后的一段合理时间内,将有关该申请的决定通知申请人。在申请人的请求下,该成员的主管机关应提供有关申请情况的信息,不得有不当延误。

4. 为保证有关资格要求和程序、技术标准和许可要求的各项措施不致构成不必要的服务贸易壁垒,服务贸易理事会应通过其可能设立的适当机构制定任何必要的纪律。此类纪律应旨在特别保证上述要求:

(a) 依据客观的和透明的标准,例如提供服务的能力和资格。

(b) 不得比为保证服务质量所必需的限度更难以负担。

(c) 如为许可程序,则这些程序本身不成为对服务提供的限制。

5. (a) 在一成员已做出具体承诺的部门中,在按照第 4 款为这些部门制定的纪律生效之前,该成员不得以以下方式实施使此类具体承诺失效或减损的许可要求、资格要求和技术标准:

(i) 不符合第 4 款 (a) 项、(b) 项或 (c) 项中所概述的标准的。

(ii) 在该成员就这些部门做出具体承诺时,不可能合理预期的。

(b) 在确定一成员是否符合第 5 款 (a) 项下的义务时,应考虑该成员所实施的有关国际组织①的国际标准。

6. 在已就专业服务做出具体承诺的部门,每一成员应规定适当程序,以核验任何其他成员专业人员的能力。

第 7 条 承 认

1. 为使服务提供者获得授权、许可或证明的标准或准则得以全部或部分实施,在遵守第 3 款要求的前提下,每一成员可承认在特定国家已获得的教育或经历、已满足的要求或已给予的许可或证明。此类可通过协调或其他方式实现的承认,可依据与有关国家的协定或安排,也可自动给予。

---

① "有关国际组织"指成员资格对至少所有 WTO 成员的有关机构开放的国际机构。

2. 属第 1 款所指类型的协定或安排参加方的成员,无论此类协定或安排是现有的还是在将来订立,均应向其他利害关系成员提供充分的机会,以谈判加入此类协定或安排,或与其谈判类似的协定或安排。如果一成员自动给予承认,则应向任何其他成员提供充分的机会,以证明在该其他成员获得的教育、经历、许可或证明以及满足的要求应得到承认。

3. 当一成员给予承认的方式不得构成在适用服务提供者获得授权、许可或证明的标准或准则时,在各国之间进行歧视的手段,或构成对服务贸易的变相限制。

4. 每一成员应:

(a) 在《WTO 协定》对其生效之日起 12 个月内向服务贸易理事会通知其现有的承认措施,并说明此类措施是否以第 3 款所述类型的协定或安排为依据;

(b) 在就第 1 款所指类型的协定或安排进行谈判之前,应尽早迅速通知服务贸易理事会,以便向任何其他成员提供充分的机会,使其能够在谈判进入实质性阶段之前表明其参加谈判的兴趣;

(c) 如果采用新的承认措施或对现有措施进行重大修改,则迅速通知服务贸易理事会,并说明此类措施是否以第 1 款所指类型的协定或安排为依据。

5. 只要适当,承认即应以多边议定的准则为依据。在适当的情况下,各成员应与有关政府间组织或非政府组织合作,以制定和采用关于承认的共同国际标准和准则,以及有关服务行业和职业实务的共同国际标准。

第 8 条 垄断和专营服务提供者

1. 每一成员应保证在其领土内的任何垄断服务提供者在有关市场提供垄断服务时,不以与其在第 2 条和具体承诺下的义务不一致的方式行事。

2. 如果一成员的垄断提供者直接或通过附属公司参与其垄断权范围之外且受该成员具体承诺约束的服务提供的竞争,则该成员应保证该提供者不滥用其垄断地位在其领土内以与此类承诺不一致的方式行事。

3. 如果一成员有理由认为任何其他成员的垄断服务提供者以与第 1 款和第 2 款不一致的方式行事,则在该成员的请求下,服务贸易理事会可要求设立、维持或授权该服务提供者的成员提供有关经营的具体信息。

4. 在《WTO 协定》生效之日后,如果一成员对其具体承诺所涵盖的服务提供给予垄断权,则该成员应在所给予的垄断权预定实施前不迟于 3 个月通知服务贸易理事会，并应适用于第 21 条第 2 款、第 3 款和第 4 款的规定。

5. 如一成员在形式上或事实上（a）授权或设立少数几个服务提供者，且（b）实质性阻止这些服务提供者在其领土内相互竞争，则本条的规定应适用于此类专营服务提供者。

第 9 条　商业惯例

1. 各成员认识到，除属第 8 条范围内的商业惯例外，服务提供者的某些商业惯例会抑制竞争，从而限制服务贸易。

2. 在任何其他成员的请求下，每一成员应进行磋商，以期取消第 1 款所指的商业惯例。被请求的成员对此类请求应给予充分和积极的考虑，并应通过提供与所涉事项有关的、可公开获得的非机密信息进行合作。在遵守其国内法律并在就提出请求的成员保障其机密性达成令人满意的协议的前提下，被请求的成员还应向提出请求的成员提供其他可获得的信息。

第 10 条　紧急保障措施

1. 应就紧急保障措施问题在非歧视原则基础上进行多边谈判。此类谈判的结果应在不迟于 WTO 协定生效之日起 3 年的一日期生效。

2. 在第 1 款所指的谈判结果生效之前的时间内，尽管有第 21 条第 1 款的规定，但是任何成员仍可在其一具体承诺生效 1 年后，向服务贸易理事会通知其修改或撤销该承诺的意向；只要该成员向理事会说明该修改或撤销不能等待第 21 条第 1 款规定的 3 年期限期满的理由。

3. 第 2 款的规定应在 WTO 协定生效之日起 3 年后停止适用。

第 11 条　支付和转移

1. 除在第 12 条中设想的情况以外，一成员不得对与其具体承诺有关的经常项目交易的国际转移和支付实施限制。

2. 本协定的任何规定不得影响国际货币基金组织的成员在基金组织协定项下的权利和义务，包括采取符合基金组织协定的汇兑行动，但是一成员不得对任何资本交易设置与其有关此类交易的具体承诺不一致的限制，根据第 12 条或在基金请求下除外。

第 12 条　保障国际收支的限制

1. 如果发生严重国际收支和对外财政困难或其威胁，一成员可对其已做出具体承诺的服务贸易，包括与此类承诺有关的交易的支付和转移，采取或维持限制。各方认识到,由于处于经济发展或经济转型过程中的成员在国际收支方面的特殊压力,可能需要使用限制措施,特别是保证维持实施其经济发展或经济转型计划所需的适当财政储备水平。

2. 第1款所指的限制:

(a) 不得在各成员之间造成歧视;

(b) 应与国际货币基金组织协定一致;

(c) 应避免对任何其他成员的商业、经济和财政利益造成不必要的损害;

(d) 不得超过处理第1款所指的情况所必需的限度;

(e) 应是暂时的,并应随第1款列明情况的改善而逐步取消。

3. 在确定此类限制的影响范围时,各成员可优先考虑对其经济或发展计划更为重要的服务提供。但是,不得为保护一特定服务部门而采取或维持此类限制。

4. 根据第1款采取或维持的任何限制,或此类限制的任何变更,应迅速通知总理事会。

5. (a) 实施本条规定的成员应就根据本条采取的限制迅速与国际收支限制委员会进行磋商;

(b) 部长级会议应制定定期磋商的程序①,以便能够向有关成员提出其认为适当的建议;

(c) 此类磋商应评估有关成员的国际收支状况和根据本条采取或维持的限制,同时特别考虑如下因素:

(i) 国际收支和对外财政困难的性质和程度;

(ii) 磋商成员的外部经济和贸易环境;

(iii) 其他可采取的替代纠正措施。

(d) 磋商应处理任何限制与第2款一致性的问题,特别是依照第2款(e) 项逐步取消限制的问题;

(e) 在此类磋商中,应接受国际货币基金组织提供的与外汇、货币储备和国际收支有关的所有统计和其他事实,结论应以基金对磋商成员国际收支状况和对外财政状况的评估为依据。

6. 如不属国际货币基金组织成员的一成员希望适用本条的规定,则部长级会议应制定审议程序和任何其他必要程序。

---

① 第5款下的程序应与GATT1994的程序相同。

第 13 条 政府采购

1. 第 2 条、第 16 条和第 17 条不得适用于管理政府机构为政府目的而购买服务的法律、法规或要求，此种购买不是为进行商业转售或为供商业销售而在提供服务过程中使用。

2. 在 WTO 协定生效之日起 2 年内，应就本协定项下服务的政府采购问题进行多边谈判。

第 14 条 一般例外

在此类措施的实施不在情形类似的国家之间构成任意或不合理歧视的手段或构成对服务贸易的变相限制的前提下，本协定的任何规定不得解释为阻止任何成员采取或实施以下措施：

（a）为保护公共道德或维护公共秩序①所必需的措施。

（b）为保护人类、动物或植物的生命或健康所必需的措施。

（c）为使与本协定的规定不相抵触的法律或法规得到遵守所必需的措施，包括与下列内容有关的法律或法规：

（i）防止欺骗和欺诈行为或处理服务合同违约而产生的影响；

（ii）保护与个人信息处理和传播有关的个人隐私及保护个人记录和账户的机密性；

（iii）安全。

（d）与第 17 条不一致的措施，只要待遇方面的差别国在保证对其他成员的服务或服务提供者公平或有效地②课征或收取直接税。

---

① 只有在社会的某一根本利益受到真正的和足够严重的威胁时，方可援引公共秩序例外。

② 旨在保证公平或有效地课征和收取直接税的措施包括某成员根据其税收制度所采取的以下措施：

（i）认识到非居民的纳税义务由源自或位于该成员领土内的应征税项目确定的事实，而对非居民服务提供者实施的措施；

（ii）为保证在该成员领土内课税或征税而对非居民实施的措施；

（iii）为防止避税或逃税而对非居民或居民实施的措施，包括监察措施；

（iv）为保证对服务消费者课征或收取的税款来自该成员领土内的来源而对在另一成员领土内或自另一成员领土提供的服务的消费者实施的措施；

（v）认识到按世界范围应征税项目纳税的服务提供者与其他服务提供者之间在课税基础性质方面的差异而区分这两类服务提供者的措施；

（vi）为保障该成员的课税基础而确定、分配或分摊居民或分支机构，或有关联的人员之间，或同一人的分支机构之间收入、利润、收益、亏损、扣除或信用的措施。

第 14 条（d）款和本脚注中的税收用语或概念，根据采取该措施的成员国内法律中的税收定义和概念，或相当的或类似的定义和概念确定。

（e）与第2条不一致的措施，只要待遇方面的差别是约束该成员的避免双重征税的协定或任何其他国际协定或安排中关于避免双重征税的规定的结果。

第14条之二　安全例外

1. 本协定的任何规定不得解释为：

（a）要求任何成员提供其认为如披露则会违背其根本安全利益的任何信息。

（b）阻止任何成员采取其认为对保护其根本安全利益所必需的任何行动。

（i）与直接或间接为军事机关提供给养的服务有关的行动。

（ii）与裂变和聚变物质或衍生此类物质的物质有关的行动。

（iii）在战时或国际关系中的其他紧急情况下采取的行动。

（c）阻止任何成员为履行其在联合国宪章项下的维护国际和平与安全的义务而采取的任何行动。

2. 根据第1款（b）项和（c）项采取的措施及其终止，应尽可能充分地通知服务贸易理事会。

第15条　补　　贴

1. 各成员认识到，在某些情况下，补贴可对服务贸易产生扭曲作用。各成员应进行谈判，以期制定必要的多边纪律，以避免此类贸易扭曲作用①。谈判还应处理反补贴程序适当性的问题。此类谈判应认识到补贴在发展中国家发展计划中的作用，并考虑到各成员、特别是发展中国家成员在该领域需要灵活性。就此类谈判而言，各成员应就其向国内服务提供者提供的所有与服务贸易有关的补贴交换信息。

2. 任何成员如认为受到另一成员补贴的不利影响，则可请求与该成员就此事项进行磋商。对此类请求，应给予积极考虑。

第3部分　具体承诺

第16条　市场准入

1. 对于通过第1条确认的服务提供方式实现的市场准入，每一成员对

---

① 未来的工作计划应确定有关此类多边纪律的谈判如何进行及在什么时限内进行。

任何其他成员的服务和服务提供者给予的待遇，不得低于其在具体承诺减让表中同意和列明的条款、限制和条件①。

2. 在做出市场准入承诺的部门，除非在其减让表中另有列明，否则一成员不得在其一地区或在其全部领土内维持或采取按如下定义的措施：

（a）无论以数量配额、垄断、专营服务提供者的形式，还是以经济需求测试要求的形式，限制服务提供者的数量。

（b）以数量配额或经济需求测试要求的形式限制服务交易或资产总值。

（c）以配额或经济需求测试要求的形式，限制服务业务总数或以指定数量单位表示的服务产出总量②。

（d）以数量配额或经济需求测试要求的形式，限制特定服务部门或服务提供者可雇用的、提供具体服务所必需且直接有关的自然人总数。

（e）限制或要求服务提供者通过特定类型法律实体或合营企业提供服务的措施。

（f）以限制外国股权最高百分比或限制单个或总体外国投资总额的方式限制外国资本的参与。

第17条　国民待遇

1. 对于列入减让表的部门，在遵守其中所列任何条件和资格的前提下，每一成员在影响服务提供的所有措施方面给予任何其他成员的服务和服务提供者的待遇，不得低于其给予本国同类服务和服务提供者的待遇③。

2. 一成员可通过对任何其他成员的服务或服务提供者给予与其本国同类服务或服务提供者的待遇形式上相同或不同的待遇，满足第5款的要求。

3. 如果形式上相同或不同的待遇改变竞争条件，与任何其他成员的同类服务或服务提供者相比，有利于该成员的服务或服务提供者，则此类待遇应被视为较为不利的待遇。

第18条　附加承诺

各成员可就影响服务贸易、但根据第16条或第17条不需列入减让表的

---

① 如果一成员就通过第3条第2款（a）项所指的方式提供服务做出市场准入承诺，且如果资本的跨境流动是该服务本身必需的部分，则该成员由此已承诺允许此种资本跨境流动。如果一成员就通过第1条第2款（c）项所指的方式提供服务做出市场准入承诺，则该成员由此已承诺允许有关的资本转移进入其领土内。

② 第2款（c）项不涵盖一成员限制服务提供投入的措施。

③ 根据本条承担的具体承诺不得解释为要求任何成员对由于有关服务或服务提供者的外国特性而产生的任何固有的竞争劣势做出补偿。

措施，包括有关资格、标准或许可事项的措施，谈判承诺。此类承诺应列入一成员承诺减让表。

第4部分　逐步自由化

第19条　具体承诺的谈判

1. 为推行本协定的目标，各成员应不迟于《WTO 协定》生效之日起 5 年开始并在此后定期进行连续回合的谈判，以期逐步实现更高的自由化水平。此类谈判应针对减少或取消各种措施对服务贸易的不利影响，以此作为提供有效市场准入的手段。此进程的进行应旨在在互利基础上促进所有参加方的利益，并保证权利和义务的总体平衡。

2. 自由化进程的进行应适当尊重各成员的国家政策目标及其总体和各部门的发展水平。个别发展中国家成员应有适当的灵活性，以开放较少的部门，放开较少类型的交易，以符合其发展状况的方式逐步扩大市场准入，并在允许外国服务提供者进入其市场时，对此类准入附加旨在实现第 4 条所指目标的条件。

3. 对于每一回合，应制定谈判准则和程序。就制定此类准则而言，服务贸易理事会应参照本协定的目标，包括第 4 条第 1 款所列目标，对服务贸易进行总体的和逐部门的评估。谈判准则应为处理各成员自以往谈判以来自主采取的自由化和在第 4 条第 3 款下给予最不发达国家成员的特殊待遇制定模式。

4. 各谈判回合均应通过旨在提高各成员在本协定项下所做具体承诺总体水平的双边、诸边或多边谈判，推进逐步自由化的进程。

第20条　具体承诺减让表

1. 每一成员应在减让表中列出其根据本协定第 3 部分做出的具体承诺。对于做出此类承诺的部门，每一减让表应列明：

（a）市场准入的条款、限制和条件。

（b）国民待遇的条件和资格。

（c）与附加承诺有关的承诺。

（d）在适当时，实施此类承诺的时限。

（e）此类承诺生效的日期。

2. 与第 16 条和第 17 条不一致的措施应列入与第 16 条有关的栏目。在这种情况下,所列内容将被视为也对第 17 条规定了条件或资格。

3. 具体承诺减让表应附在本协定之后,并应成为本协定的组成部分。

第 21 条　减让表的修改

1. (a) 一成员(本条中称为"修改成员")可依照本条的规定,在减让表中任何承诺生效之日起 3 年期满后的任何时间修改或撤销该承诺。

(b) 修改成员应将其根据本条修改或撤销一承诺的意向,在不迟于实施修改或撤销的预定日期前 3 个月通知服务贸易理事会。

2. (a) 在本协定项下的利益可能受到根据第 1 款 (b) 项通知的拟议修改或撤销影响的任何成员(本条中称为"受影响成员")请求下,修改成员应进行谈判,以期就任何必要的补偿性调整达成协议。在此类谈判和协定中,有关成员应努力维持互利承诺的总体水平,使其不低于在此类谈判之前具体承诺减让表中规定的对贸易的有利水平。

(b) 补偿性调整应在最惠国待遇基础上做出。

3. (a) 如修改成员和任何受影响成员未在规定的谈判期限结束之前达成协议,则此类受影响成员可将该事项提交仲裁。任何希望行使其可能享有的补偿权的受影响成员必须参加仲裁。

(b) 如无受影响成员请求仲裁,则修改成员有权实施拟议的修改或撤销。

4. (a) 修改成员在做出符合仲裁结果的补偿性调整之前,不可修改或撤销其承诺。

(b) 如修改成员实施其拟议的修改或撤销而未遵守仲裁结果,则任何参加仲裁的受影响成员可修改或撤销符合这些结果的实质相等的利益。尽管有第 2 条的规定,但是此类修改或撤销可只对修改成员实施。

5. 服务贸易理事会应为更正或修改减让表制定程序。根据本条修改或撤销承诺的任何成员应根据此类程序修改其减让表。

第 5 部分　机构条款

第 22 条　磋　　商

1. 每一成员应对任何其他成员可能提出的、关于就影响本协定运用的任何事项的交涉所进行的磋商给予积极考虑,并提供充分的机会。《争端解决谅解》(DSU) 应适用于此类磋商。

2. 在一成员请求下,服务贸易理事会或争端解决机构(DSB)可就其通过根据第 1 款进行的磋商未能找到满意解决办法的任何事项与任何一个或多个成员进行磋商。

3. 一成员不得根据本条或第 23 条,对另一成员属它们之间达成的与避免双重征税有关的国际协定范围的措施援引第 17 条。在各成员不能就一措施是否属它们之间的此类协定范围达成一致的情况下,应允许两成员中任一成员将该事项提交服务贸易理事会①。理事会应将该事项提交仲裁,仲裁人的裁决应为最终的,并对各成员具有约束力。

第 23 条　争端解决和执行

1. 如任何成员认为任何其他成员未能履行本协定项下的义务或具体承诺,则该成员为就该事项达成双方满意的解决办法可援用 DSU。

2. 如 DSB 认为情况足够严重有理由采取此类行动,则可授权一个或多个成员依照 DSU 第 22 条对任何其他一个或多个成员中止义务和具体承诺的实施。

3. 如任何成员认为其根据另一成员在本协定第 M 部分下的具体承诺可合理预期获得的任何利益,由于实施与本协定规定并无抵触的任何措施而丧失或减损,则可援用 DSU。如 DSB 确定该措施使此种利益丧失或减损,则受影响的成员有权依据第 21 条第 2 款要求做出双方满意的调整,其中可包括修改或撤销该措施。如果有关成员之间不能达成协议,则应适用于 DSU 第 22 条。

第 24 条　服务贸易理事会

1. 服务贸易理事会应履行对其指定的职能,以便本协定的运用,并促进其目标的实现。理事会可设立其认为对有效履行其职能适当的附属机构。

2. 理事会及其附属机构应开放供所有成员的代表参加,除非理事会另有决定。

3. 理事会主席应由各成员选举产生。

第 25 条　技术合作

1. 需要此类援助的成员的服务提供者应可使用第 4 条第 2 款所指的咨

---

① 对于在《WTO 协定》生效之日已存在的避免双重征税协定,此类事项只有在经该协定各参加方同意后方可提交服务贸易理事会。

询点的服务。

2. 给予发展中国家的技术援助应在多边一级由秘书处提供，并由服务贸易理事会决定。

第 26 条　与其他国际组织的关系

总理事会应就与联合国及其专门机构及其他与服务有关的政府间组织进行磋商和合作做出适当安排。

第 6 部分　最后条款

第 27 条　利益的拒绝给予

一成员可对下列情况拒绝给予本协定项下的利益：

（a）对于一项服务的提供，如确定该服务是自或在一非成员或与该拒绝给予利益的成员不适用 WTO 协定的成员领土内提供的。

（b）在提供海运服务的情况下，如确定该服务是：

（i）由一艘根据一非成员或对该拒绝给予利益的成员不适用于 WTO 协定的成员的法律进行注册的船只提供的。

（ii）由一经营和（或）使用全部或部分船只的人提供的，但该人属一非成员或对该拒绝给予利益的成员不适用 WTO 协定的成员。

（c）对于具有法人资格的服务提供者，如确定其不是另一成员的服务提供者，或是对该拒绝给予利益的成员不适用 WTO 协定的成员的服务提供者。

第 28 条　定　　义

就本协定而言：

（a）"措施"指一成员的任何措施，无论是以法律法规、规则、程序、决定、行政行为的形式还是以其他任何形式。

（b）"服务的提供"包括服务的生产、分销、营销、销售和交付。

（c）"各成员影响服务贸易的措施"中包括关于下列内容的措施：

（i）服务的购买、支付或使用。

（ii）与服务的提供有关的、各成员要求向公众普遍提供的服务的获得和使用。

（iii）一成员的个人为在另一成员领土内提供服务的存在，包括商业存在。

(d)"商业存在"指任何类型的商业或专业机构,包括为提供服务而在一成员领土内:

(i) 组建、收购或维持一法人;

(ii) 创建或维持一分支机构或代表处。

(e) 服务"部门"指:

(i) 对于一具体承诺,指一成员减让表中列明的该项服务的一个、多个或所有分部门;

(ii) 在其他情况下,则指该服务部门的全部,包括其所有的分部门。

(f)"另一成员的服务"指:

(i) 从另一成员或在其领土内提供的服务,对于海运服务,则指由一艘根据该另一成员的法律进行注册的船只提供的服务,或由经营和(或)使用全部或部分船只提供服务的该另一成员的人提供的服务;

(ii) 对于通过商业存在或自然人存在所提供的服务,指由该另一成员服务提供者所提供的服务。

(g)"服务提供者"指提供一服务的任何人①。

(h)"服务的垄断提供者"指一成员领土内有关市场中被该成员在形式上或事实上授权或确定为该服务的独家提供者的任何公私性质的人。

(i)"服务消费者"指得到或使用服务的任何人。

(j)"人"指自然人或法人。

(k)"另一成员的自然人"指居住在该另一成员或任何其他成员领土内的自然人,且根据该另一成员的法律:

(i) 属该另一成员的国民;

(ii) 在该另一成员中有永久居留权,如该另一成员:

第一,没有国民;

第二,按其在接受或加入 WTO 协定时的通知,在影响服务贸易的措施方面给予其永久居民的待遇与给予其国民的待遇实质相同,只要各成员无义务使其给予此类永久居民的待遇优于该另一成员给予此类永久居民的待遇。此种通知应包括该另一成员依照其法律法规对永久居民承担与其他成

---

① 如果该服务不是由法人直接提供,而是通过如分支机构或代表处等其他形式的商业存在提供,则该服务提供者(即该法人)仍应通过该商业被给予在本协定项下规定给予服务提供者的待遇。此类待遇应扩大至提供该服务的存在方式,但不需扩大至该服务提供者位于提供服务的领土以外的任何其他部分。

员对其国民承担相同责任的保证。

（l）"法人"指根据适用法律适当组建或组织的任何法人实体，无论是否以营利为目的，无论属私营所有还是政府所有，包括任何公司、基金、合伙企业、合资企业、独资企业或协会。

（m）"另一成员的法人"指：

（i）根据该另一成员的法律组建或组织的，并在该另一成员或任何其他成员领土内从事实质性业务活动的法人；

（ii）对于通过商业存在提供服务的情况：

第一，由该成员的自然人拥有或控制的法人；

第二，由（i）项确认的该另一成员的法人拥有或控制的法人。

（n）"法人"指：

（i）由一成员的个人所"拥有"，如该成员的人实际拥有的股本超过50%；

（ii）由一成员的个人所"控制"，如此类人拥有任命其大多数董事或以其他方式合法指导其活动的权力；

（iii）与另一成员具有"附属"关系，如该法人控制该另一人，或为该另一人所控制；或该法人和该另一人为同一人所控制。

（o）"直接税"指对总收入、总资本或对收入或资本的构成项目征收的所有税款，包括对财产转让收益、不动产、遗产和赠与、企业支付的工资或薪金总额以及资本增值所征收的税款。

第29条　附　　件

本协定的附件为本协定的组成部分。

附件：

- 关于第2条豁免的附件

范围：

1. 本附件规定了一成员在本协定生效时豁免其在第2条第1款下义务的条件。

2. WTO协定生效之日后提出的任何新的豁免应根据其第9条第3款处理。

审议：

3. 服务贸易理事会应对所给予的超过5年期的豁免进行审议。首次审议应在《WTO 协定》生效后不超过 5 年进行。

4. 服务贸易理事会在审议中应：

（a）审查产生该豁免的条件是否仍然存在；

（b）确定任何进一步审议的日期。

终止：

5. 就一特定措施对一成员在本协定第 2 条第 1 款下义务的豁免在该豁免规定的日期终止。

6. 原则上，此类豁免不应超过 10 年。无论如何，此类豁免应在今后的贸易自由化回合中进行谈判。

7. 在豁免期终止时，一成员应通知服务贸易理事会已使该不一致的措施符合本协定第 2 条第 1 款。

第 2 条 豁免清单

（根据第 2 条第 2 款议定的豁免清单在《WTO 协定》的条约文本中作为本附件的一部分。）

- 关于本协定项下提供服务的自然人流动的附件

1. 本附件在服务提供方面，适用于影响作为一成员服务提供者的自然人的措施，及影响一成员服务提供者雇用的一成员的自然人的措施。

2. 本协定不得适用于影响寻求进入一成员就业市场的自然人的措施，也不得适用于在永久基础上有关公民身份、居住或就业的措施。

3. 依照本协定第 3 部分和第 4 部分的规定，各成员可就在本协定项下提供服务的所有类别的自然人流动所适用的具体承诺进行谈判。应允许具体承诺所涵盖的自然人依照该具体承诺的条件提供服务。

4. 本协定不得阻止一成员实施对自然人进入其领土或在其领土内暂时居留进行管理的措施，包括为保护其边境完整和保证自然人有序跨境流动所必需的措施，只要此类措施的实施不致使任何成员根据一具体承诺的条件所获得的利益丧失或减损①。

专业服务的范围很广，比如法律、建筑、工程、医学和会计服务。乌拉圭回合后在这个部门中谈判的焦点主要集中在会计服务上。

- 关于空运服务的附件

---

① 要求某些成员而非其他成员自然人申请签证的唯一事实不应被视为取消或损害特定承诺项下的利益。

1. 本附件适用于影响定期或不定期空运服务贸易及附属服务的措施。各方确认在本协定项下承担的任何具体承诺或义务不得减少或影响一成员在 WTO 协定生效之日已生效的双边或多边协定项下的义务。

2. 本协定，包括其争端解决程序，不得适用于影响下列内容的措施：

（a）业务权，无论以何种形式给予；

（b）与业务权的行使直接有关的服务。

但本附件第 3 款中的规定除外。

3. 本协定适用于影响下列内容的措施：

（a）航空器的修理和保养服务；

（b）空运服务的销售和营销；

（c）计算机预订系统服务。

4. 本协定的争端解决程序只有在有关成员已承担义务或具体承诺、且双边和其他多边协定或安排中的争端解决程序已用尽的情况下方可援引。

5. 服务贸易理事会应定期且至少每 5 年审议一次空运部门的发展情况和本附件的运用情况，以期考虑将本协定进一步适用于本部门的可能性。

6. 定义。

（a）"航空器的修理和保养服务"指在航空器退出服务的情况下对航空器或其一部分进行的此类活动，不包括所谓的日常维修。

（b）"空运服务的销售和营销"指有关航空承运人自由销售和推销其空运服务的机会，包括营销的所有方面，如市场调查、广告和分销。这些活动不包括空运服务的定价，也不包括适用的条件。

（c）"计算机预订系统服务"指由包含航空承运人的时刻表、可获性、票价和定价规则等信息的计算机系统所提供的服务，可通过该系统进行预订或出票。

（d）"业务权"指以有偿或租用方式，往返于一成员领土或在该领土之内或之上经营和（或）运载乘客、货物和邮件的定期或不定期服务的权利，包括服务的地点、经营的航线、运载的运输类型、提供的能力、收取的运费及其条件以及指定航空公司的标准，如数量、所有权和控制权等标准。

- 关于金融服务的附件

1. 范围和定义。

（a）本附件适用于影响金融服务提供的措施。本附件所指的金融服务提供应指提供按本协定第 1 条第 2 款定义的服务。

(b) 就本协定第 1 条第 3 款 (b) 项而言，"在行使政府职权时提供的服务"指：

(i) 中央银行或货币管理机关或任何其他公共实体为推行货币或汇率政策而从事的活动；

(ii) 构成社会保障法定制度或公共退休计划组成部分的活动；

(iii) 公共实体代表政府或由政府担保或使用政府的财政资源而从事的其他活动。

(c) 就本协定第 1 条第 3 款 (b) 项而言，如果一成员允许其金融服务提供者从事本款 (b) 项 (ii) 目或 (iii) 目所指的任何活动，与公共实体或金融服务提供者进行竞争，则"服务"应包括此类活动。

(d) 本协定第 1 条第 3 款 (c) 项不得适用于本附件涵盖的服务。

2. 国内法规。

(a) 尽管有本协定的任何其他规定，但是不得阻止一成员为审慎原因而采取措施，包括为保护投资人、存款人、保单持有人或金融服务提供者对其负有信托责任的人采取的措施，或为保证金融体系完整和稳定采取的措施。如此类措施不符合本协定的规定，则不得用作逃避该成员在本协定项下的承诺或义务的手段。

(b) 本协定的任何规定不得解释为要求一成员披露有关个人客户的事务和账户的信息，或公共实体拥有的任何机密或专有信息。

3. 承认。

(a) 一成员在决定其有关金融服务的措施应如何实施时，可承认任何其他国家的审慎措施。此类承认可以依据与有关国家的协定或安排，通过协调或其他方式实现，也可自动给予。

(b) 属 (a) 项所指协定或安排参加方的一成员，无论该协定或安排是将来的还是现有的，如在该协定或安排的参加方之间存在此类法规的相同法规、监督和实施，还存在关于信息共享的程序，则应向其他利害关系成员提供谈判加入该协定或安排的充分机会，或谈判达成类似的协定或安排。如一成员自动给予承认，则应为任何其他成员提供证明此类情况存在的充分机会。

(c) 如一成员正在考虑对任何其他国家的审慎措施予以承认，则不得适用第 7 条第 4 款 (b) 项。

4. 争端解决。

关于审慎措施和其他金融事项争端的专家组应具备与争议中的具体金融服务有关的必要的专门知识。

5. 定义。

就本附件而言：

（a）金融服务指一成员金融服务提供者提供的任何金融性质的服务。金融服务包括所有保险及其相关服务，及所有银行和其他金融服务（保险除外）。金融服务包括下列活动：保险及其相关服务。

（i）直接保险（包括共同保险）：

（A）寿险；

（B）非寿险。

（ii）再保险和转分保；

（iii）保险中介，如经纪和代理；

（iv）保险附属服务，如咨询、精算、风险评估和理赔服务，银行和其他金融服务（保险除外）；

（v）接受公众存款和其他应偿还基金；

（vi）所有类型的贷款，包括消费信贷、抵押信贷、商业交易的代理和融资；

（vii）财务租赁；

（viii）所有支付和货币转移服务，包括信用卡、赊账卡、贷记卡、旅行支票和银行汇票；

（ix）担保和承诺；

（x）交易市场、公开市场或场外交易市场的自行交易或代客交易：

（A）货币市场工具（包括支票、汇票、存单）；

（B）外汇；

（C）衍生产品，包括但不仅限于期货和期权；

（D）汇率和利率工具，包括换汇和远期利率协议等产品；

（E）可转让证券；

（F）其他可转让票据和金融资产，包括金银条块。

（xi）参与各类证券的发行，包括承销和募集代理（无论公开或私下），并提供与该发行有关的服务；

（xii）货币经纪；

（xiii）资产管理，如现金或证券管理、各种形式的集体投资管理、养老基金管理、保管、存款和信托服务；

（xiv）金融资产的结算和清算服务，包括证券、衍生产品和其他可转让票据；

（xv）提供和传送其他金融服务提供者提供的金融信息、金融数据处理和相关软件；

（xvi）就（v）~（xv）目所列的所有活动提供咨询、中介和其他附属金融服务，包括信用调查和分析、投资和资产组合的研究和咨询、收购咨询、公司重组和策略咨询。

（b）金融服务提供者指希望提供或正在提供金融服务的一成员的自然人或法人，但"金融服务提供者"一词不包括公共实体。

（c）"公共实体"指：

（i）一成员的政府、中央银行或货币管理机关，或由一成员拥有或控制的、主要为政府目的执行政府职能或进行的活动的实体，不包括主要在商业条件下从事金融服务提供的实体；

（ii）在行使通常由中央银行或货币管理机关行使的职能时的私营实体。

- 关于金融服务的第二附件

1. 尽管有本协定第 2 条和《关于第 2 条豁免的附件》第 1 款以及第 2 款的规定，但是一成员仍可在 WTO 协定生效之日起 4 个月后开始的 60 天内将与本协定第 2 条第 1 款不一致的有关金融服务的措施列入该附件。

2. 尽管有本协定第 21 条的规定，但是一成员仍可在 WTO 协定生效之日起 4 个月后开始的 60 天内，改善、修改或撤销列入其减让表的有关金融服务的全部或部分具体承诺。

3. 服务贸易理事会应为适用第 1 款和第 2 款制定必要的程序。

- 关于海运服务谈判的附件

1. 第 2 条和《关于第 2 条豁免的附件》，包括关于在该附件中列出一成员将维持的、与最惠国待遇不一致的任何措施的要求，只有在以下日期方可对国际海运、附属服务以及港口设施的进入和使用生效：

（a）根据《关于海运服务谈判的部长决定》第 4 段确定的实施日期；

（b）如谈判未能成功，则为该决定中规定的海运服务谈判组最终报告的日期。

2. 第 1 款不得适用于已列入一成员减让表的任何关于海运服务的具体承诺。

3. 尽管有第 21 条的规定,但是自第 1 款所指的谈判结束起至实施日期前,一成员仍可改善、修改或撤销在本部门的全部或部分具体承诺而无须提供补偿。

- 关于电信服务的附件

1. 目标。

认识到电信服务部门的特殊性,特别是其作为经济活动的独特部门和作为其他经济活动的基本传输手段而起到的双重作用,各成员就以下附件达成一致,旨在详述本协定中有关影响进入和使用公共电信传输网络和服务的措施的规定。因此,本附件为本协定提供注释和补充规定。

2. 范围。

(a) 本附件应适用于一成员影响进入和使用公共电信传输网络和服务的所有措施①。

(b) 本附件不得适用于影响电台或电视节目的电缆或广播播送的措施。

(c) 本附件的任何规定不得解释为:

(i) 要求一成员在其减让表中规定的之外授权任何其他成员的服务提供者建立、建设、收购、租赁、经营或提供电信传输网络或服务;

(ii) 要求一成员或要求一成员要求其管辖范围内的服务提供者建立、建设、收购、租赁、经营或提供未对公众普遍提供的电信传输网络或服务。

3. 定义。

就本附件而言:

(a) "电信"指以任何电磁方式传送和接收信号。

(b) "公共电信传输服务"指一成员明确要求或事实上要求向公众普遍提供的任何电信传输服务。此类服务可特别包括电报、电话、电传和数据传输,其典型特点是在两点或多点之间对客户提供的信息进行实时传输,而客户信息的形式或内容无任何端到端的变化。

(c) "公共电信传输网络"指可在规定的两个或多个网络端接点之间进行通信的公共电信基础设施。

(d) "公司内部通信"指公司内部或与其子公司、分支机构进行通信的电信,在遵守一成员国内法律和法规的前提下,还可包括与附属公司进行

---

① 本款应理解为,各成员应确保通过任何必要措施将本附件的义务适用于公共电信运输网络和服务供应商。

通信的电信。为实现此目的,"子公司""分支机构"和适用的"附属公司"应由每一成员定义。本附件中的"公司内部通信"不包括向与无关联的子公司、分支机构或附属公司提供的商业或非商业服务,也不包括向客户或潜在客户提供的商业或非商业服务。

(e) 对本附件的各款或各项的任何提及均包括其中所有各国。

4. 透明度。

在适用本协定第3条时,每一成员应保证可公开获得的关于影响进入和使用公共电信传输网络和服务条件的有关信息,具体包括:服务的收费及其他条款和条件;与此类网络和服务的技术接口规范;负责制定和采用影响进入和使用标准的机构的信息;适用于终端连接或其他设备的条件;可能的通知、注册或许可要求(若有)。

5. 公共电信传输网络和服务的进入和使用。

(a) 每一成员应保证任何其他成员的任何服务提供者可按照合理和非歧视的条款和条件进入和使用其公共电信传输网络和服务,以提供其减让表中包括的服务。此义务应特别通过(b)~(f)项的规定实施①。

(b) 每一成员应保证任何其他成员的服务提供者可进入和使用其境内或跨境提供的任何公共电信传输网络或服务,包括专门租用电路,并为此应保证在遵守(e)项和(f)项规定的前提下,允许此类服务提供者:

(i) 购买或租用和连接终端或服务提供者提供服务所必需的其他网络接口设备;

(ii) 将专门租用或拥有的电路与公共电信传输网络和服务互连,或与另一服务提供者租用或拥有的电路互联;

(iii) 在提供任何服务时使用该服务提供者自主选择的操作规程,但为保证公众可普遍使用电信传输网络和服务所必需的情况除外。

(c) 每一成员应保证任何其他成员的服务提供者可使用公共电信传输网络和服务在其境内或跨境传送信息,包括此类服务提供者的公司内部通信,以及使用在任何成员领土内的数据库所包含的或以机器可读形式存储的信息。如一成员采取严重影响此类使用的任何新的或修改的措施,则应

---

① "非歧视性"一词被理解为WTO协定中定义的最惠国待遇和国民待遇,并反映出该词在特定部门的用法,意思是"在类似情况下给予类似公共电信运输网络或服务的任何其他用户的不低于优惠的条款和条件"。

依照本协定有关规定做出通知,并进行磋商。

(d) 尽管有上一项的规定,但是一成员仍可采取必要措施,以保证信息的安全和机密性,但要求此类措施不得以对服务贸易构成任意的或不合理的歧视或构成变相限制的方式实施。

(e) 每一成员应保证不对公共电信传输网络和服务的进入和使用附加条件,但为以下目的所必需的条件除外:

(i) 保障公共电信传输网络和服务提供者的公共服务责任,特别是使其网络或服务可使公众普遍获得的能力;

(ii) 保护公共电信传输网络或服务的技术完整性;

(iii) 保证任何其他成员的服务提供者不提供该成员减让表中承诺所允许之外的服务。

(f) 只要满足(e)项所列标准,进入和使用公共电信传输网络和服务的条件可包括:

(i) 限制此类服务的转售或分享使用;

(ii) 使用特定的技术接口与此类网络和服务进行互联的要求,包括使用接口协议;

(iii) 必要时,关于此类服务互操作性的要求,及鼓励实现第7款(a)项所列目标的要求;

(iv) 终端和其他网络接口设备的定型,及与此类设备与此类网络连接有关的技术要求;

(v) 限制专门租用或拥有的电路与此类网络或服务互联,或与另一服务提供者租用或拥有的电路互联;

(vi) 通知、注册和许可。

(g) 尽管有本节前几项的规定,但是一发展中国家成员仍可在与其发展水平相一致的情况下,对公共电信传输网络和服务的进入和使用可设置必要的合理条件,以增强其国内电信基础设施和服务能力,并增加其参与国际电信服务贸易。此类条件应在该成员减让表中列明。

6. 技术合作。

(a) 各成员认识到高效和先进的电信基础设施在各国,特别是在发展中国家中是扩大其服务贸易所必需的。为此,各成员赞成和鼓励发达国家和发展中国家,其公共电信传输网络和服务的提供者以及其他实体,尽可能全面地参与国际和区域组织的发展计划,包括国际电信联盟、联合国开发计划署和国际复兴开发银行。

（b）各成员应鼓励和支持发展中国家之间在国际、区域和次区域各级开展电信合作。

（c）在与有关国际组织进行合作时，各成员在可行的情况下，应使发展中国家可获得有关电信服务以及电信和信息技术发展情况的信息，以帮助增强其国内电信服务部门。

（d）各成员应特别考虑向最不发达国家提供机会，以鼓励外国电信服务提供者在技术转让、培训和其他活动方面提供帮助，支持发展其电信基础设施，扩大其电信服务贸易。

7. 与国际组织和协定的关系。

（a）各成员认识到电信网络和服务的全球兼容性和互操作性的国际标准的重要性，承诺通过有关国际机构的工作，包括国际电信联盟和国际标准化组织，以促进此类标准。

（b）各成员认识到政府间和非政府组织和协定，特别是国际电信联盟，在保证国内和全球电信服务的有效运营方面所起的作用。各成员应做出适当安排，以便就本附件实施过程中产生的事项与此类组织进行磋商。

- 关于基础电信谈判的附件

1. 第 2 条和《关于第 2 条豁免的附件》，包括在该附件中列出一成员将维持的、与最惠国待遇不一致的任何措施的要求，只有在下列日期方可对基础电信生效：

（a）根据《关于基础电信谈判的部长决定》第 5 条确定的实施日期；

（b）如果谈判未能成功，则为该决定规定的基础电信谈判组最终报告的日期。

2. 第 1 款不得适用于已列入一成员承诺减让表的任何关于基础电信服务的具体承诺。

✪ 2. General agreement on trade in services

Members,

Recognizing the growing importance of trade in services for the growth and development of the world economy;

Wishing to establish a multilateral framework of principles and rules for trade in services with a view to the expansion of such trade under conditions of transparency and progressive liberalization and as a means of promoting the economic growth of all trading partners and the development of developing countries;

Desiring the early achievement of progressively higher levels of liberalization of trade in services through successive rounds of multilateral negotiations aimed at promoting the interests of all participants on a mutually advantageous basis and at securing an overall balance of rights and obligations, while giving due respect to national policy objectives;

Recognizing the right of members to regulate, and to introduce new regulations, on the supply of services within their territories in order to meet national policy objectives and, given asymmetries existing with respect to the degree of development of services regulations in different countries, the particular need of developing countries to exercise this right;

Desiring to facilitate the increasing participation of developing countries in trade in services and the expansion of their service exports including, inter alia, through the strengthening of their domestic services capacity and its efficiency and competitiveness;

Taking particular account of the serious difficulty of the least-developed countries in view of their special economic situation and their development, trade and financial needs;

Hereby agree as follows:

PART I Scope and Definition

Article I Scope and Definition

1. This agreement applies to measures by Members affecting trade in services.

2. For the purposes of this agreement, trade in services is defined as the supply of a service:

(a) from the territory of one member into the territory of any other member;

(b) in the territory of one member to the service consumer of any other Member;

(c) by a service supplier of one member, through commercial presence in the territory of any other member;

(d) by a service supplier of one member, through presence of natural persons of a member in the territory of any other member.

3. For the purposes of this agreement:

(a) "measures by members" means measures taken by:

(i) central, regional or local governments and authorities;

(ii) non-governmental bodies in the exercise of powers delegated by central, regional or local governments or authorities;

In fulfilling its obligations and commitments under the Agreement, each Member shall take such reasonable measures as may be available to it to ensure their observance by regional and local governments and authorities and non-governmental bodies within its territory;

(b) "services" includes any service in any sector except services supplied in the exercise of governmental authority;

(c) "a service supplied in the exercise of governmental authority" means any service which is supplied neither on a commercial basis, nor in competition with one or more service suppliers.

Part II General Obligations and Disciplines

Article II Most-favoured-nation Treatment

1. With respect to any measure covered by this agreement, each member shall accord immediately and unconditionally to services and service suppliers of any other member treatment no less favourable than that it accords to like services and service suppliers of any other country.

2. A member may maintain a measure inconsistent with paragraph 1 provided that such a measure is listed in, and meets the conditions of, the Annex on Article II Exemptions.

3. The provisions of this agreement shall not be so construed as to prevent any member from conferring or according advantages to adjacent countries in order to facilitate exchanges limited to contiguous frontier zones of services that are both

locally produced and consumed.

Article Ⅲ　Transparency

1. Each member shall publish promptly and, except in emergency situations, at the latest by the time of their entry into force, all relevant measures of general application which pertain to or affect the operation of this agreement. International agreements pertaining to or affecting trade in services to which a member is a signatory shall also be published.

2. Where publication as referred to in paragraph 1 is not practicable, such information shall be made otherwise publicly available.

3. Each member shall promptly and at least annually inform the Council for Trade in Services of the introduction of any new, or any changes to existing, laws, regulations or administrative guidelines which significantly affect trade in services covered by its specific commitments under this agreement.

4. Each member shall respond promptly to all requests by any other member for specific information on any of its measures of general application or international agreements within the meaning of paragraph 1. Each member shall also establish one or more enquiry points to provide specific information to other Members, upon request, on all such matters as well as those subject to the notification requirement in paragraph 3. Such enquiry points shall be established within two years from the date of entry into force of the agreement Establishing the WTO (referred to in this agreement as the "WTO agreement"). Appropriate flexibility with respect to the time-limit within which such enquiry points are to be established may be agreed upon for individual developing country members. enquiry points need not be depositories of laws and regulations.

5. Any member may notify to the council for trade in services any measure, taken by any other member, which it considers affects the operation of this agreement.

Article Ⅲ　Bis Disclosure of Confidential Information

Nothing in this agreement shall require any member to provide confidential information, the disclosure of which would impede law enforcement, or otherwise be contrary to the public interest, or which would prejudice legitimate commercial interests of particular enterprises, public or private.

Article IV   Increasing participation of developing countries

1. The increasing participation of developing country members in world trade shall be facilitated through negotiated specific commitments, by different Members pursuant to Parts III and IV of this agreement, relating to:

(a) the strengthening of their domestic services capacity and its efficiency and competitiveness, inter alia through access to technology on a commercial basis;

(b) the improvement of their access to distribution channels and information networks;

(c) the liberalization of market access in sectors and modes of supply of export interest to them.

2. Developed country members, and to the extent possible other members, shall establish contact points within two years from the date of entry into force of the WTO agreement to facilitate the access of developing country members' service suppliers to information, related to their respective markets, concerning:

(a) commercial and technical aspects of the supply of services;

(b) registration, recognition and obtaining of professional qualifications;

(c) the availability of services technology.

3. Special priority shall be given to the least-developed country members in the implementation of paragraphs 1 and 2. Particular account shall be taken of the serious difficulty of the least-developed countries in accepting negotiated specific commitments in view of their special economic situation and their development, trade and financial needs.

Article V   Economic Integration

1. This agreement shall not prevent any of its members from being a party to or entering into an agreement liberalizing trade in services between or among the parties to such an agreement, provided that such an agreement:

(a) has substantial sectoral coverage①;

---

① This condition is understood in terms of number of sectors, volume of trade affected and modes of supply. In order to meet this condition, agreements should not provide for the a priori exclusion of any mode of supply.

(b) provides for the absence or elimination of substantially all discrimination, in the sense of article XVII, between or among the parties, in the sectors covered under subparagraph (a), through:

(i) elimination of existing discriminatory measures;

(ii) prohibition of new or more discriminatory measures, either at the entry into force of that agreement or on the basis of a reasonable time-frame, except for measures permitted under Articles XI, XII, XIV and XIV bis.

2. In evaluating whether the conditions under paragraph 1 (b) are met, consideration may be given to the relationship of the agreement to a wider process of economic integration or trade liberalization among the countries concerned.

3. (a) Where developing countries are parties to an agreement of the type referred to in paragraph 1, flexibility shall be provided for regarding the conditions set out in paragraph 1, particularly with reference to subparagraph (b) thereof, in accordance with the level of development of the countries concerned, both overall and in individual sectors and subsectors.

(b) Notwithstanding paragraph 6, in the case of an agreement of the type referred to in paragraph 1 involving only developing countries, more favourable treatment may be granted to juridical persons owned or controlled by natural persons of the parties to such an agreement.

4. Any agreement referred to in paragraph 1 shall be designed to facilitate trade between the parties to the agreement and shall not in respect of any member outside the agreement raise the overall level of barriers to trade in services within the respective sectors or subsectors compared to the level applicable prior to such an agreement.

5. If in the conclusion, enlargement or any significant modification of any agreement under paragraph 1, a member intends to withdraw or modify a specific commitment inconsistently with the terms and conditions set out in its Schedule, it shall provide at least 90 days advance notice of such modification or withdrawal and the procedure set forth in paragraphs 2, 3 and 4 of article XXI shall apply.

6. A service supplier of any other member that is a juridical person constituted under the laws of a party to an agreement referred to in paragraph 1 shall be entitled to treatment granted under such agreement, provided that it engages in substantive

business operations in the territory of the parties to such agreement.

7. (a) Members which are parties to any agreement referred to in paragraph 1 shall promptly notify any such agreement and any enlargement or any significant modification of that agreement to the Council for trade in services. They shall also make available to the council such relevant information as may be requested by it. The council may establish a working party to examine such an agreement or enlargement or modification of that agreement and to report to the council on its consistency with this article.

(b) Members which are parties to any agreement referred to in paragraph 1 which is implemented on the basis of a time-frame shall report periodically to the council for trade in services on its implementation. The council may establish a working party to examine such reports if it deems such a working party necessary.

(c) Based on the reports of the working parties referred to in subparagraphs (a) and (b), the council may make recommendations to the parties as it deems appropriate.

8. A member which is a party to any agreement referred to in paragraph 1 may not seek compensation for trade benefits that may accrue to any other member from such agreement.

Article V   Bis labour Markets Integration Agreements

This agreement shall not prevent any of its members from being a party to an agreement establishing full integration① of the labour markets between or among the parties to such an agreement, provided that such an agreement:

(a) exempts citizens of parties to the agreement from requirements concerning residency and work permits;

(b) is notified to the council for trade in services.

Article VI   Domestic Regulation

1. In sectors where specific commitments are undertaken, each member shall ensure that all measures of general application affecting trade in services are

---

① Typically, such integration provides citizens of the parties concerned with a right of free entry to the employment markets of the parties and includes measures concerning conditions of pay, other conditions of employment and social benefits.

administered in a reasonable, objective and impartial manner.

2. (a) each member shall maintain or institute as soon as practicable judicial, arbitral or administrative tribunals or procedures which provide, at the request of an affected service supplier, for the prompt review of, and where justified, appropriate remedies for, administrative decisions affecting trade in services. Where such procedures are not independent of the agency entrusted with the administrative decision concerned, the Member shall ensure that the procedures in fact provide for an objective and impartial review.

(b) the provisions of subparagraph (a) shall not be construed to require a Member to institute such tribunals or procedures where this would be inconsistent with its constitutional structure or the nature of its legal system.

3. Where authorization is required for the supply of a service on which a specific commitment has been made, the competent authorities of a member shall, within a reasonable period of time after the submission of an application considered complete under domestic laws and regulations, inform the applicant of the decision concerning the application. At the request of the applicant, the competent authorities of the member shall provide, without undue delay, information concerning the status of the application.

4. With a view to ensuring that measures relating to qualification requirements and procedures, technical standards and licensing requirements do not constitute unnecessary barriers to trade in services, the council for Trade in Services shall, through appropriate bodies it may establish, develop any necessary disciplines. Such disciplines shall aim to ensure that such requirements are, inter alia:

(a) based on objective and transparent criteria, such as competence and the ability to supply the service;

(b) not more burdensome than necessary to ensure the quality of the service;

(c) in the case of licensing procedures, not in themselves a restriction on the supply of the service.

5. (a) in sectors in which a member has undertaken specific commitments, pending the entry into force of disciplines developed in these sectors pursuant to paragraph 4, the Member shall not apply licensing and qualification requirements and technical standards that nullify or impair such specific commitments in a

manner which:

(i) does not comply with the criteria outlined in subparagraphs 4 (a) (b) or (c); and

(ii) could not reasonably have been expected of that member at the time the specific commitments in those sectors were made.

(b) in determining whether a member is in conformity with the obligation under paragraph 5 (a), account shall be taken of international standards of relevant international organizations① applied by that member.

6. In sectors where specific commitments regarding professional services are undertaken, each member shall provide for adequate procedures to verify the competence of professionals of any other Member.

Article Ⅶ Recognition

1. For the purposes of the fulfilment, in whole or in part, of its standards or criteria for the authorization, licensing or certification of services suppliers, and subject to the requirements of paragraph 3, a member may recognize the education or experience obtained, requirements met, or licenses or certifications granted in a particular country. Such recognition, which may be achieved through harmonization or otherwise, may be based upon an agreement or arrangement with the country concerned or may be accorded autonomously.

2. A member that is a party to an agreement or arrangement of the type referred to in paragraph 1, whether existing or future, shall afford adequate opportunity for other interested members to negotiate their accession to such an agreement or arrangement or to negotiate comparable ones with it. Where a member accords recognition autonomously, it shall afford adequate opportunity for any other Member to demonstrate that education, experience, licenses, or certifications obtained or requirements met in that other member's territory should be recognized.

3. A member shall not accord recognition in a manner which would constitute a means of discrimination between countries in the application of its standards or criteria for the authorization, licensing or certification of services suppliers, or a

---

① The term "relevant international organizations" refers to international bodies whose membership is open to the relevant bodies of at least all Members of the WTO.

disguised restriction on trade in services.

4. Each Member shall:

(a) within 12 months from the date on which the WTO agreement takes effect for it, inform the council for trade in services of its existing recognition measures and state whether such measures are based on agreements or arrangements of the type referred to in paragraph 1;

(b) promptly inform the council for trade in services as far in advance as possible of the opening of negotiations on an agreement or arrangement of the type referred to in paragraph 1 in order to provide adequate opportunity to any other Member to indicate their interest in participating in the negotiations before they enter a substantive phase;

(c) promptly inform the council for trade in services when it adopts new recognition measures or significantly modifies existing ones and state whether the measures are based on an agreement or arrangement of the type referred to in paragraph 1.

5. Wherever appropriate, recognition should be based on multilaterally agreed criteria. In appropriate cases, members shall work in cooperation with relevant intergovernmental and non-governmental organizations towards the establishment and adoption of common international standards and criteria for recognition and common international standards for the practice of relevant services trades and professions.

Article VIII Monopolies and Exclusive Service Suppliers

1. Each member shall ensure that any monopoly supplier of a service in its territory does not, in the supply of the monopoly service in the relevant market, act in a manner inconsistent with that member's obligations under article II and specific commitments.

2. Where a member's monopoly supplier competes, either directly or through an affiliated company, in the supply of a service outside the scope of its monopoly rights and which is subject to that member's specific commitments, the member shall ensure that such a supplier does not abuse its monopoly position to act in its territory in a manner inconsistent with such commitments.

3. The council for trade in services may, at the request of a member which has a reason to believe that a monopoly supplier of a service of any other Member is acting in a manner inconsistent with paragraph 1 or 2, request the member establishing, maintaining or authorizing such supplier to provide specific information concerning the relevant operations.

4. If, after the date of entry into force of the WTO agreement, a member grants monopoly rights regarding the supply of a service covered by its specific commitments, that member shall notify the Council for Trade in Services no later than three months before the intended implementation of the grant of monopoly rights and the provisions of paragraphs 2, 3 and 4 of article XXI shall apply.

5. The provisions of this article shall also apply to cases of exclusive service suppliers, where a member, formally or in effect, (a) authorizes or establishes a small number of service suppliers and (b) substantially prevents competition among those suppliers in its territory.

Article IX Business Practices

1. Members recognize that certain business practices of service suppliers, other than those falling under article VIII, may restrain competition and thereby restrict trade in services.

2. Each member shall, at the request of any other member, enter into consultations with a view to eliminating practices referred to in paragraph 1. The member addressed shall accord full and sympathetic consideration to such a request and shall cooperate through the supply of publicly available non-confidential information of relevance to the matter in question. The member addressed shall also provide other information available to the requesting member, subject to its domestic law and to the conclusion of satisfactory agreement concerning the safeguarding of its confidentiality by the requesting Member.

Article X Emergency Safeguard Measures

1. There shall be multilateral negotiations on the question of emergency safeguard measures based on the principle of non-discrimination. The results of such negotiations shall enter into effect on a date not later than three years from the date of entry into force of the WTO agreement.

2. In the period before the entry into effect of the results of the negotiations referred to in paragraph 1, any member may, notwithstanding the provisions of paragraph 1 of article XXI, notify the council on trade in services of its intention to modify or withdraw a specific commitment after a period of one year from the date on which the commitment enters into force; provided that the member shows cause to the council that the modification or withdrawal cannot await the lapse of the three-year period provided for in paragraph 1 of article XXI.

3. The provisions of paragraph 2 shall cease to apply three years after the date of entry into force of the WTO agreement.

Article XI Payments and Transfers

1. Except under the circumstances envisaged in Article XII, a Member shall not apply restrictions on international transfers and payments for current transactions relating to its specific commitments.

2. Nothing in this agreement shall affect the rights and obligations of the members of the International monetary fund under the articles of agreement of the Fund, including the use of exchange actions which are in conformity with the articles of agreement, provided that a member shall not impose restrictions on any capital transactions inconsistently with its specific commitments regarding such transactions, except under article XII or at the request of the fund.

Article XII Restrictions to Safeguard the Balance of Payments

1. In the event of serious balance-of-payments and external financial difficulties or threat thereof, a member may adopt or maintain restrictions on trade in services on which it has undertaken specific commitments, including on payments or transfers for transactions related to such commitments. It is recognized that particular pressures on the balance of payments of a member in the process of economic development or economic transition may necessitate the use of restrictions to ensure, inter alia, the maintenance of a level of financial reserves adequate for the implementation of its programme of economic development or economic transition.

2. The restrictions referred to in paragraph 1:

(a) shall not discriminate among members;

（b）shall be consistent with the articles of agreement of the International monetary fund;

（c）shall avoid unnecessary damage to the commercial, economic and financial interests of any other member;

（d）shall not exceed those necessary to deal with the circumstances described in paragraph 1;

（e）shall be temporary and be phased out progressively as the situation specified in paragraph 1 improves.

3. In determining the incidence of such restrictions, members may give priority to the supply of services which are more essential to their economic or development programmes. However, such restrictions shall not be adopted or maintained for the purpose of protecting a particular service sector.

4. Any restrictions adopted or maintained under paragraph 1, or any changes therein, shall be promptly notified to the general council.

5. （a）Members applying the provisions of this article shall consult promptly with the committee on balance-of-payments Restrictions on restrictions adopted under this Article.

（b）The ministerial conference shall establish procedures ① for periodic consultations with the objective of enabling such recommendations to be made to the member concerned as it may deem appropriate.

（c）Such consultations shall assess the balance-of-payment situation of the member concerned and the restrictions adopted or maintained under this Article, taking into account, inter alia, such factors as:

（i）the nature and extent of the balance-of-payments and the external financial difficulties;

（ii）the external economic and trading environment of the consulting Member;

（iii）alternative corrective measures which may be available.

（d）The consultations shall address the compliance of any restrictions with paragraph 2, in particular the progressive phaseout of restrictions in accordance

---

① It is understood that the procedures under paragraph 5 shall be the same as the GATT 1994 procedures.

with paragraph 2 (e).

(e) In such consultations, all findings of statistical and other facts presented by the International monetary Fund relating to foreign exchange, monetary reserves and balance of payments, shall be accepted and conclusions shall be based on the assessment by the Fund of the balance-of-payments and the external financial situation of the consulting member.

6. If a member which is not a member of the International monetary Fund wishes to apply the provisions of this Article, the ministerial conference shall establish a review procedure and any other procedures necessary.

Article XIII Government Procurement

1. Articles II, XVI and XVII shall not apply to laws, regulations or requirements governing the procurement by governmental agencies of services purchased for governmental purposes and not with a view to commercial resale or with a view to use in the supply of services for commercial sale.

2. There shall be multilateral negotiations on government procurement in services under this agreement within two years from the date of entry into force of the WTO agreement.

Article XIV General Exceptions

Subject to the requirement that such measures are not applied in a manner which would constitute a means of arbitrary or unjustifiable discrimination between countries where like conditions prevail, or a disguised restriction on trade in services, nothing in this agreement shall be construed to prevent the adoption or enforcement by any member of measures:

(a) necessary to protect public morals or to maintain public order [1];

(b) necessary to protect human, animal or plant life or health;

(c) necessary to secure compliance with laws or regulations which are not inconsistent with the provisions of this agreement including those relating to:

(i) the prevention of deceptive and fraudulent practices or to deal with the

---

[1] The public order exception may be invoked only where a genuine and sufficiently serious threat is posed to one of the fundamental interests of society.

effects of a default on services contracts;

(ii) the protection of the privacy of individuals in relation to the processing and dissemination of personal data and the protection of confidentiality of individual records and accounts;

(iii) safety;

(d) inconsistent with article XVII, provided that the difference in treatment is aimed at ensuring the equitable or effective ①imposition or collection of direct taxes in respect of services or service suppliers of other Members;

(e) inconsistent with article II, provided that the difference in treatment is the result of an agreement on the avoidance of double taxation or provisions on the avoidance of double taxation in any other international agreement or arrangement by which the member is bound.

Article XIV Bis Security Exceptions

1. Nothing in this agreement shall be construed:

(a) to require any member to furnish any information, the disclosure of which it considers contrary to its essential security interests;

(b) to prevent any member from taking any action which it considers necessary for the protection of its essential security interests:

(i) relating to the supply of services as carried out directly or indirectly for the purpose of provisioning a military establishment;

(ii) relating to fissionable and fusionable materials or the materials from

---

① Measures that are aimed at ensuring the equitable or effective imposition or collection of direct taxes include measures taken by a member under its taxation system which: (i) apply to non-resident service suppliers in recognition of the fact that the tax obligation of non-residents is determined with respect to taxable items sourced or located in the member's territory; or (ii) apply to non-residents in order to ensure the imposition or collection of taxes in the member's territory; or (iii) apply to non-residents or residents in order to prevent the avoidance or evasion of taxes, including compliance measures; or (iv) apply to consumers of services supplied in or from the territory of another Member in order to ensure the imposition or collection of taxes on such consumers derived from sources in the Member's territory; or (v) distinguish service suppliers subject to tax on worldwide taxable items from other service suppliers, in recognition of the difference in the nature of the tax base between them; or (vi) determine, allocate or apportion income, profit, gain, loss, deduction or credit of resident persons or branches, or between related persons or branches of the same person, in order to safeguard the Member's tax base. Tax terms or concepts in paragraph (d) of article XIV and in this footnote are determined according to tax definitions and concepts, or equivalent or similar definitions and concepts, under the domestic law of the member taking the measure.

which they are derived;

(iii) taken in time of war or other emergency in international relations;

(c) to prevent any member from taking any action in pursuance of its obligations under the united nations charter for the maintenance of international peace and security.

2. The council for Trade in services shall be informed to the fullest extent possible of measures taken under paragraphs 1 (b) and (c) and of their termination.

Article XV Subsidies

1. Members recognize that, in certain circumstances, subsidies may have distortive effects on trade in services. Members shall enter into negotiations with a view to developing the necessary multilateral disciplines to avoid such trade-distortive effects [①]. The negotiations shall also address the appropriateness of countervailing procedures. Such negotiations shall recognize the role of subsidies in relation to the development programmes of developing countries and take into account the needs of members, particularly developing country members, for flexibility in this area. For the purpose of such negotiations, members shall exchange information concerning all subsidies related to trade in services that they provide to their domestic service suppliers.

2. Any member which considers that it is adversely affected by a subsidy of another member may request consultations with that member on such matters. Such requests shall be accorded sympathetic consideration.

Part III Specific Commitments

Article XVI Market Access

1. With respect to market access through the modes of supply identified in Article I, each Member shall accord services and service suppliers of any other Member treatment no less favourable than that provided for under the terms,

---

① A future work programme shall determine how and in what time-frame, negotiations on such multilateral disciplines will be conducted.

limitations and conditions agreed and specified in its Schedule [①].

2. In sectors where market-access commitments are undertaken, the measures which a member shall not maintain or adopt either on the basis of a regional subdivision or on the basis of its entire territory, unless otherwise specified in its Schedule, are defined as:

(a) limitations on the number of service suppliers whether in the form of numerical quotas, monopolies, exclusive service suppliers or the requirements of an economic needs test;

(b) limitations on the total value of service transactions or assets in the form of numerical quotas or the requirement of an economic needs test;

(c) limitations on the total number of service operations or on the total quantity of service output expressed in terms of designated numerical units in the form of quotas or the requirement of an economic needs test [②];

(d) imitations on the total number of natural persons that may be employed in a particular service sector or that a service supplier may employ and who are necessary for, and directly related to, the supply of a specific service in the form of numerical quotas or the requirement of an economic needs test;

(e) measures which restrict or require specific types of legal entity or joint venture through which a service supplier may supply a service;

(f) limitations on the participation of foreign capital in terms of maximum percentage limit on foreign shareholding or the total value of individual or aggregate foreign investment.

Article XVII National Treatment

1. In the sectors inscribed in its schedule, and subject to any conditions and qualifications set out therein, each member shall accord to services and service

---

① If a Member undertakes a market-access commitment in relation to the supply of a service through the mode of supply referred to in subparagraph 2 (a) of article I and if the cross-border movement of capital is an essential part of the service itself, that member is thereby committed to allow such movement of capital. If a member undertakes a market-access commitment in relation to the supply of a service through the mode of supply referred to in subparagraph 2 (c) of article I, it is thereby committed to allow related transfers of capital into its territory.

② Subparagraph 2 (c) does not cover measures of a member which limit inputs for the supply of services.

suppliers of any other member, in respect of all measures affecting the supply of services, treatment no less favourable than that it accords to its own like services and service suppliers ①.

2. A member may meet the requirement of paragraph 1 by according to services and service suppliers of any other member, either formally identical treatment or formally different treatment to that it accords to its own like services and service suppliers.

3. Formally identical or formally different treatment shall be considered to be less favourable if it modifies the conditions of competition in favour of services or service suppliers of the member compared to like services or service suppliers of any other member.

Article XVIII Additional Commitments

Members may negotiate commitments with respect to measures affecting trade in services not subject to scheduling under articles XVI or XVII, including those regarding qualifications, standards or licensing matters. Such commitments shall be inscribed in a member's schedule.

Part IV Progressive Liberalization

Article XIX Negotiation of Specific Commitments

1. In pursuance of the objectives of this agreement, members shall enter into successive rounds of negotiations, beginning not later than five years from the date of entry into force of the WTO agreement and periodically thereafter, with a view to achieving a progressively higher level of liberalization. Such negotiations shall be directed to the reduction or elimination of the adverse effects on trade in services of measures as a means of providing effective market access. This process shall take place with a view to promoting the interests of all participants on a mutually advantageous basis and to securing an overall balance of rights and obligations.

2. The process of liberalization shall take place with due respect for national

---

① Specific commitments assumed under this article shall not be construed to require any member to compensate for any inherent competitive disadvantages which result from the foreign character of the relevant services or service suppliers.

policy objectives and the level of development of individual members, both overall and in individual sectors. There shall be appropriate flexibility for individual developing country members for opening fewer sectors, liberalizing fewer types of transactions, progressively extending market access in line with their development situation and, when making access to their markets available to foreign service suppliers, attaching to such access conditions aimed at achieving the objectives referred to in article IV.

3. For each round, negotiating guidelines and procedures shall be established. For the purposes of establishing such guidelines, the council for Trade in Services shall carry out an assessment of trade in services in overall terms and on a sectoral basis with reference to the objectives of this agreement, including those set out in paragraph 1 of article IV. Negotiating guidelines shall establish modalities for the treatment of liberalization undertaken autonomously by members since previous negotiations, as well as for the special treatment for least-developed country members under the provisions of paragraph 3 of article IV.

4. The process of progressive liberalization shall be advanced in each such round through bilateral, plurilateral or multilateral negotiations directed towards increasing the general level of specific commitments undertaken by Members under this Agreement.

Article XX Schedules of Specific Commitments

1. Each member shall set out in a schedule the specific commitments it undertakes under part III of this agreement. With respect to sectors where such commitments are undertaken, each schedule shall specify:

(a) terms, limitations and conditions on market access;

(b) conditions and qualifications on national treatment;

(c) undertakings relating to additional commitments;

(d) where appropriate the time-frame for implementation of such commitments; and

(e) the date of entry into force of such commitments.

2. Measures inconsistent with both Articles XVI and XVII shall be inscribed in the column relating to article XVI. In this case the inscription will be considered to

provide a condition or qualification to article XVII as well.

3. Schedules of specific commitments shall be annexed to this agreement and shall form an integral part thereof.

Article XXI Modification of Schedules

1. (a) a member (referred to in this article as the "modifying member") may modify or withdraw any commitment in its schedule, at any time after three years have elapsed from the date on which that commitment entered into force, in accordance with the provisions of this article.

(b) a modifying member shall notify its intent to modify or withdraw a commitment pursuant to this article to the council for Trade in services no later than three months before the intended date of implementation of the modification or withdrawal.

2. (a) at the request of any member the benefits of which under this agreement may be affected (referred to in this article as an "affected member") by a proposed modification or withdrawal notified under subparagraph 1 (b), the modifying member shall enter into negotiations with a view to reaching agreement on any necessary compensatory adjustment. In such negotiations and agreement, the members concerned shall endeavour to maintain a general level of mutually advantageous commitments not less favourable to trade than that provided for in Schedules of specific commitments prior to such negotiations.

(b) compensatory adjustments shall be made on a most-favoured-nation basis.

3. (a) If agreement is not reached between the modifying member and any affected member before the end of the period provided for negotiations, such affected member may refer the matter to arbitration. Any affected Member that wishes to enforce a right that it may have to compensation must participate in the arbitration.

(b) if no affected member has requested arbitration, the modifying member shall be free to implement the proposed modification or withdrawal.

4. (a) the modifying member may not modify or withdraw its commitment until it has made compensatory adjustments in conformity with the findings of the

arbitration.

(b) if the modifying member implements its proposed modification or withdrawal and does not comply with the findings of the arbitration, any affected member that participated in the arbitration may modify or withdraw substantially equivalent benefits in conformity with those findings. Notwithstanding article II, such a modification or withdrawal may be implemented solely with respect to the modifying member.

5. The council for trade in Services shall establish procedures for rectification or modification of Schedules. Any member which has modified or withdrawn scheduled commitments under this article shall modify its schedule according to such procedures.

Part V Institutional Provisions

Article XXII Consultation

1. Each member shall accord sympathetic consideration to, and shall afford adequate opportunity for, consultation regarding such representations as may be made by any other member with respect to any matter affecting the operation of this agreement. The dispute settlement understanding (DSU) shall apply to such consultations.

2. The council for trade in services or the dispute settlement body (DSB) may, at the request of a member, consult with any member or members in respect of any matter for which it has not been possible to find a satisfactory solution through consultation under paragraph 1.

3. A member may not invoke Article XVII, either under this Article or Article XXIII, with respect to a measure of another member that falls within the scope of an international agreement between them relating to the avoidance of double taxation. In case of disagreement between members as to whether a measure falls within the scope of such an agreement between them, it shall be open to either

member to bring this matter before the council for Trade in services [①]. The council shall refer the matter to arbitration. The decision of the arbitrator shall be final and binding on the members.

Article XXIII Dispute Settlement and Enforcement

1. If any member should consider that any other member fails to carry out its obligations or specific commitments under this agreement, it may with a view to reaching a mutually satisfactory resolution of the matter have recourse to the DSU.

2. If the DSB considers that the circumstances are serious enough to justify such action, it may authorize a member or members to suspend the application to any other member or members of obligations and specific commitments in accordance with article 22 of the DSU.

3. If any member considers that any benefit it could reasonably have expected to accrue to it under a specific commitment of another member under part III of this agreement is being nullified or impaired as a result of the application of any measure which does not conflict with the provisions of this agreement, it may have recourse to the DSU. If the measure is determined by the DSB to have nullified or impaired such a benefit, the member affected shall be entitled to a mutually satisfactory adjustment on the basis of paragraph 2 of article XXI, which may include the modification or withdrawal of the measure. In the event an agreement cannot be reached between the members concerned, article 22 of the DSU shall apply.

Article XXIV Council for Trade in Services

1. The council for trade in services shall carry out such functions as may be assigned to it to facilitate the operation of this agreement and further its objectives. The council may establish such subsidiary bodies as it considers appropriate for the effective discharge of its functions.

2. The council and, unless the council decides otherwise, its subsidiary bodies shall be open to participation by representatives of all members.

---

① With respect to agreements on the avoidance of double taxation which exist on the date of entry into force of the WTO agreement, such a matter may be brought before the council for Trade in services only with the consent of both parties to such an agreement.

3. The chairman of the council shall be elected by the members.

Article XXV Technical Cooperation

1. Service suppliers of Members which are in need of such assistance shall have access to the services of contact points referred to in paragraph 2 of Article IV.

2. Technical assistance to developing countries shall be provided at the multilateral level by the Secretariat and shall be decided upon by the council for trade in services.

Article XXVI Relationship with Other International Organizations

The general council shall make appropriate arrangements for consultation and cooperation with the united nations and its specialized agencies as well as with other intergovernmental organizations concerned with services.

Part VI Final Provisions

Article XXVII Denial of Benefits

A member may deny the benefits of this Agreement:

(a) to the supply of a service, if it establishes that the service is supplied from or in the territory of a non-member or of a member to which the denying member does not apply the WTO agreement;

(b) in the case of the supply of a maritime transport service, if it establishes that the service is supplied:

(i) by a vessel registered under the laws of a non-member or of a member to which the denying member does not apply the WTO Agreement, and

(ii) by a person which operates and/or uses the vessel in whole or in part but which is of a non-member or of a member to which the denying member does not apply the WTO agreement;

(c) to a service supplier that is a juridical person, if it establishes that it is not a service supplier of another member, or that it is a service supplier of a member to which the denying member does not apply the WTO Agreement.

Article XXVIII Definitions

For the purpose of this agreement:

(a) "measure" means any measure by a member, whether in the form of a law, regulation, rule, procedure, decision, administrative action, or any other form;

(b) "supply of a service" includes the production, distribution, marketing, sale and delivery of a service;

(c) "measures by members affecting trade in services" include measures in respect of:

(i) the purchase, payment or use of a service;

(ii) the access to and use of, in connection with the supply of a service, services which are required by those members to be offered to the public generally;

(iii) the presence, including commercial presence, of persons of a member for the supply of a service in the territory of another member;

(d) "commercial presence" means any type of business or professional establishment, including through:

(i) the constitution, acquisition or maintenance of a juridical person; or

(ii) the creation or maintenance of a branch or a representative office, within the territory of a member for the purpose of supplying a service.

(e) "sector" of a service means:

(i) with reference to a specific commitment, one or more, or all, subsectors of that service, as specified in a Member's Schedule;

(ii) otherwise, the whole of that service sector, including all of its subsectors;

(f) "service of another member" means a service which is supplied:

(i) from or in the territory of that other member, or in the case of maritime transport, by a vessel registered under the laws of that other member, or by a person of that other member which supplies the service through the operation of a vessel and/or its use in whole or in part;

(ii) in the case of the supply of a service through commercial presence or through the presence of natural persons, by a service supplier of that other Member;

(g) "service supplier" means any person that supplies a service①;

(h) "monopoly supplier of a service" means any person, public or private, which in the relevant market of the territory of a member is authorized or established formally or in effect by that member as the sole supplier of that service;

(i) "service consumer" means any person that receives or uses a service;

(j) "person" means either a natural person or a juridical person;

(k) "natural person of another member" means a natural person who resides in the territory of that other member or any other member, and who under the law of that other Member:

(i) is a national of that other member;

(ii) has the right of permanent residence in that other member, in the case of a member which:

1. Does not have nationals;

2. Accords substantially the same treatment to its permanent residents as it does to its nationals in respect of measures affecting trade in services, as notified in its acceptance of or accession to the WTO agreement, provided that no member is obligated to accord to such permanent residents treatment more favourable than would be accorded by that other member to such permanent residents. Such notification shall include the assurance to assume, with respect to those permanent residents, in accordance with its laws and regulations, the same responsibilities that other member bears with respect to its nationals;

(l) "juridical person" means any legal entity duly constituted or otherwise organized under applicable law, whether for profit or otherwise, and whether privately-owned or governmentally-owned, including any corporation, trust, partnership, joint venture, sole proprietorship or association;

(m) "juridical person of another member" means a juridical person which is either:

---

① Where the service is not supplied directly by a juridical person but through other forms of commercial presence such as a branch or a representative office, the service supplier (i. e. the juridical person) shall, nonetheless, through such presence be accorded the treatment provided for service suppliers under the agreement. Such treatment shall be extended to the presence through which the service is supplied and need not be extended to any other parts of the supplier located outside the territory where the service is supplied.

(i) constituted or otherwise organized under the law of that other member, and is engaged in substantive business operations in the territory of that member or any other member;

(ii) in the case of the supply of a service through commercial presence, owned or controlled by:

1. natural persons of that member;

2. juridical persons of that other member identified under subparagraph (i);

(n) a juridical person is:

(i) "owned" by persons of a member if more than 50 per cent of the equity interest in it is beneficially owned by persons of that Member;

(ii) "controlled" by persons of a member if such persons have the power to name a majority of its directors or otherwise to legally direct its actions;

(iii) "affiliated" with another person when it controls, or is controlled by, that other person; or when it and the other person are both controlled by the same person;

(o) "direct taxes" comprise all taxes on total income, on total capital or on elements of income or of capital, including taxes on gains from the alienation of property, taxes on estates, inheritances and gifts, and taxes on the total amounts of wages or salaries paid by enterprises, as well as taxes on capital appreciation.

Article XXIX Annexes

The Annexes to this Agreement are an integral part of this Agreement.

Annex on Article II exemptions

Scope

1. This annex specifies the conditions under which a member, at the entry into force of this agreement, is exempted from its obligations under paragraph 1 of article II.

2. Any new exemptions applied for after the date of entry into force of the WTO agreement shall be dealt with under paragraph 3 of article IX of that agreement.

Review

3. The council for Trade in Services shall review all exemptions granted for a period of more than 5 years. The first such review shall take place no more than 5

years after the entry into force of the WTO agreement.

4. The council for Trade in Services in a review shall:

(a) examine whether the conditions which created the need for the exemption still prevail;

(b) determine the date of any further review.

Termination

5. The exemption of a member from its obligations under paragraph 1 of Article II of the agreement with respect to a particular measure terminates on the date provided for in the exemption.

6. In principle, such exemptions should not exceed a period of 10 years. In any event, they shall be subject to negotiation in subsequent trade liberalizing rounds.

7. A member shall notify the council for trade in Services at the termination of the exemption period that the inconsistent measure has been brought into conformity with paragraph 1 of article II of the agreement.

Lists of Article II Exemptions

[The agreed lists of exemptions under paragraph 2 of article II will be annexed here in the treaty copy of the WTO agreement.]

Annex on Movement of Natural Persons

Supplying Services Under The Agreement

1. This annex applies to measures affecting natural persons who are service suppliers of a member, and natural persons of a member who are employed by a service supplier of a member, in respect of the supply of a service.

2. The agreement shall not apply to measures affecting natural persons seeking access to the employment market of a member, nor shall it apply to measures regarding citizenship, residence or employment on a permanent basis.

3. In accordance with Parts III and IV of the agreement, members may negotiate specific commitments applying to the movement of all categories of natural persons supplying services under the agreement. Natural persons covered by a specific commitment shall be allowed to supply the service in accordance with the terms of that commitment.

4. The agreement shall not prevent a member from applying measures to

regulate the entry of natural persons into, or their temporary stay in, its territory, including those measures necessary to protect the integrity of, and to ensure the orderly movement of natural persons across, its borders, provided that such measures are not applied in such a manner as to nullify or impair the benefits accruing to any member under the terms of a specific commitment①.

Annex on Air Transport Services

1. This annex applies to measures affecting trade in air transport services, whether scheduled or non-scheduled, and ancillary services. It is confirmed that any specific commitment or obligation assumed under this agreement shall not reduce or affect a member's obligations under bilateral or multilateral agreements that are in effect on the date of entry into force of the WTO agreement.

2. The agreement, including its dispute settlement procedures, shall not apply to measures affecting:

(a) traffic rights, however granted;

(b) services directly related to the exercise of traffic rights, except as provided in paragraph 3 of this Annex.

3. The agreement shall apply to measures affecting:

(a) aircraft repair and maintenance services;

(b) the selling and marketing of air transport services;

(c) computer reservation system (CRS) services.

4. The dispute settlement procedures of the agreement may be invoked only where obligations or specific commitments have been assumed by the concerned members and where dispute settlement procedures in bilateral and other multilateral agreements or arrangements have been exhausted.

5. The council for trade in services shall review periodically, and at least every five years, developments in the air transport sector and the operation of this annex with a view to considering the possible further application of the Agreement in this sector.

6. Definitions:

---

① The sole fact of requiring a visa for natural persons of certain Members and not for those of others shall not be regarded as nullifying or impairing benefits under a specific commitment.

(a) "aircraft repair and maintenance services" mean such activities when undertaken on an aircraft or a part thereof while it is withdrawn from service and do not include so-called line maintenance.

(b) "selling and marketing of air transport services" mean opportunities for the air carrier concerned to sell and market freely its air transport services including all aspects of marketing such as market research, advertising and distribution. These activities do not include the pricing of air transport services nor the applicable conditions.

(c) "computer reservation system (CRS) services" mean services provided by computerised systems that contain information about air carriers' schedules, availability, fares and fare rules, through which reservations can be made or tickets may be issued.

(d) "traffic rights" mean the right for scheduled and non-scheduled services to operate and/or to carry passengers, cargo and mail for remuneration or hire from, to, within, or over the territory of a member, including points to be served, routes to be operated, types of traffic to be carried, capacity to be provided, tariffs to be charged and their conditions, and criteria for designation of airlines, including such criteria as number, ownership, and control.

Annex on Financial Services

1. Scope and Definition

(a) this annex applies to measures affecting the supply of financial services. Reference to the supply of a financial service in this annex shall mean the supply of a service as defined in paragraph 2 of article I of the agreement.

(b) for the purposes of subparagraph 3 (b) of Article I of the agreement, "services supplied in the exercise of governmental authority" means the following:

(i) activities conducted by a central bank or monetary authority or by any other public entity in pursuit of monetary or exchange rate policies;

(ii) activities forming part of a statutory system of social security or public retirement plans;

(iii) other activities conducted by a public entity for the account or with the guarantee or using the financial resources of the government.

(c) For the purposes of subparagraph 3 (b) of article I of the agreement, if a member allows any of the activities referred to in subparagraphs (b) (ii) or (b) (iii) of this paragraph to be conducted by its financial service suppliers in competition with a public entity or a financial service supplier, "services" shall include such activities.

(d) subparagraph 3 (c) of article I of the agreement shall not apply to services covered by this annex.

2. Domestic Regulation

(a) Notwithstanding any other provisions of the agreement, a member shall not be prevented from taking measures for prudential reasons, including for the protection of investors, depositors, policy holders or persons to whom a fiduciary duty is owed by a financial service supplier, or to ensure the integrity and stability of the financial system. Where such measures do not conform with the provisions of the agreement, they shall not be used as a means of avoiding the member's commitments or obligations under the Agreement.

(b) nothing in the agreement shall be construed to require a member to disclose information relating to the affairs and accounts of individual customers or any confidential or proprietary information in the possession of public entities.

3. Recognition

(a) A member may recognize prudential measures of any other country in determining how the member's measures relating to financial services shall be applied. Such recognition, which may be achieved through harmonization or otherwise, may be based upon an agreement or arrangement with the country concerned or may be accorded autonomously.

(b) A member that is a party to such an agreement or arrangement referred to in subparagraph (a), whether future or existing, shall afford adequate opportunity for other interested members to negotiate their accession to such agreements or arrangements, or to negotiate comparable ones with it, under circumstances in which there would be equivalent regulation, oversight, implementation of such regulation, and, if appropriate, procedures concerning the sharing of information between the parties to the agreement or arrangement. Where a member accords recognition autonomously, it shall afford adequate opportunity for any other Member to demonstrate that such circumstances exist.

(c) where a member is contemplating according recognition to prudential measures of any other country, paragraph 4 (b) of Article VII shall not apply.

4. Dispute Settlement

Panels for disputes on prudential issues and other financial matters shall have the necessary expertise relevant to the specific financial service under dispute.

5. Definitions

For the purposes of this Annex:

(a) a financial service is any service of a financial nature offered by a financial service supplier of a member. Financial services include all insurance and insurance-related services, and all banking and other financial services (excluding insurance). Financial services include the following activities:

Insurance and insurance-related services

(i) Direct insurance (including co-insurance):

(A) life;

(B) non-life;

(ii) Reinsurance and retrocession;

(iii) Insurance intermediation, such as brokerage and agency;

(iv) Services auxiliary to insurance, such as consultancy, actuarial, risk assessment and claim settlement services.

Banking and other financial services (excluding insurance)

(v) acceptance of deposits and other repayable funds from the public;

(vi) lending of all types, including consumer credit, mortgage credit, factoring and financing of commercial transaction;

(vii) financial leasing;

(viii) all payment and money transmission services, including credit, charge and debit cards, travellers cheques and bankers drafts;

(ix) guarantees and commitments;

(x) trading for own account or for account of customers, whether on an exchange, in an over-the-counter market or otherwise, the following:

(A) money market instruments (including cheques, bills, certificates of deposits);

(B) foreign exchange;

(C) derivative products including, but not limited to, futures and options;

(D) exchange rate and interest rate instruments, including products such as swaps, forward rate agreements;

(E) transferable securities;

(F) other negotiable instruments and financial assets, including bullion.

(xi) participation in issues of all kinds of securities, including underwriting and placement as agent (whether publicly or privately) and provision of services related to such issues;

(xii) money broking;

(xiii) asset management, such as cash or portfolio management, all forms of collective investment management, pension fund management, custodial, depository and trust services;

(xiv) settlement and clearing services for financial assets, including securities, derivative products, and other negotiable instruments;

(xv) provision and transfer of financial information, and financial data processing and related software by suppliers of other financial services;

(xvi) advisory, intermediation and other auxiliary financial services on all the activities listed in subparagraphs (v) through (xv), including credit reference and analysis, investment and portfolio research and advice, advice on acquisitions and on corporate restructuring and strategy.

(b) a financial service supplier means any natural or juridical person of a Member wishing to supply or supplying financial services but the term "financial service supplier" does not include a public entity.

(c) "public entity" means:

(i) a government, a central bank or a monetary authority, of a member, or an entity owned or controlled by a member, that is principally engaged in carrying out governmental functions or activities for governmental purposes, not including an entity principally engaged in supplying financial services on commercial terms; or

(ii) a private entity, performing functions normally performed by a central bank or monetary authority, when exercising those functions.

Second Annex on Financial Services

1. Notwithstanding article II of the agreement and paragraphs 1 and 2 of the

annex on article II exemptions, a member may, during a period of 60 days beginning four months after the date of entry into force of the WTO agreement, list in that Annex measures relating to financial services which are inconsistent with paragraph 1 of article II of the agreement.

2. Notwithstanding article XXI of the agreement, a member may, during a period of 60 days beginning four months after the date of entry into force of the WTO agreement, improve, modify or withdraw all or part of the specific commitments on financial services inscribed in its schedule.

3. The council for Trade in services shall establish any procedures necessary for the application of paragraphs 1 and 2.

Annex on Negotiations on Maritime Transport Services

1. Article II and the annex on article II exemptions, including the requirement to list in the annex any measure inconsistent with most-favoured-nation treatment that a member will maintain, shall enter into force for international shipping, auxiliary services and access to and use of port facilities only on:

(a) the implementation date to be determined under paragraph 4 of the Ministerial Decision on negotiations on maritime Transport Services;

(b) should the negotiations not succeed, the date of the final report of the negotiating group on maritime transport Services provided for in that Decision.

2. Paragraph 1 shall not apply to any specific commitment on maritime transport services which is inscribed in a member's Schedule.

3. From the conclusion of the negotiations referred to in paragraph 1, and before the implementation date, a member may improve, modify or withdraw all or part of its specific commitments in this sector without offering compensation, notwithstanding the provisions of article XXI.

Annex on Telecommunications

1. Objectives

Recognizing the specificities of the telecommunications services sector and, in particular, its dual role as a distinct sector of economic activity and as the underlying transport means for other economic activities, the members have agreed to the following annex with the objective of elaborating upon the provisions of the agreement with respect to measures affecting access to and use of public telecommunications transport networks and services. accordingly, this Annex provides notes and supplementary provisions to the agreement.

2. Scope

(a) This annex shall apply to all measures of a member that affect access to and use of public telecommunications transport networks and services[①].

(b) This annex shall not apply to measures affecting the cable or broadcast distribution of radio or television programming.

(c) nothing in this annex shall be construed:

(i) to require a member to authorize a service supplier of any other member to establish, construct, acquire, lease, operate, or supply telecommunications transport networks or services, other than as provided for in its Schedule; or

(ii) to require a member (or to require a member to oblige service suppliers under its jurisdiction) to establish, construct, acquire, lease, operate or supply telecommunications transport networks or services not offered to the public generally.

3. Definitions

For the purposes of this annex:

(a) "telecommunications" means the transmission and reception of signals by any electromagnetic means.

(b) "public telecommunications transport service" means any telecommunications transport service required, explicitly or in effect, by a member to be offered to the public generally. Such services may include, inter alia, telegraph, telephone, telex, and data transmission typically involving the real-time transmission of customer-supplied information between two or more points without any end-to-end change in the form or content of the customer's information.

(c) "public telecommunications transport network" means the public telecommunications infrastructure which permits telecommunications between and among defined network termination points.

[①] This paragraph is understood to mean that each member shall ensure that the obligations of this Annex are applied with respect to suppliers of public telecommunications transport networks and services by whatever measures are necessary.

(d) "intra-corporate communications" means telecommunications through which a company communicates within the company or with or among its subsidiaries, branches and, subject to a member's domestic laws and regulations, affiliates. For these purposes, "subsidiaries" "branches" and, where applicable, "affiliates" shall be as defined by each member. "Intra-corporate communications" in this annex excludes commercial or non-commercial services that are supplied to companies that are not related subsidiaries, branches or affiliates, or that are offered to customers or potential customers.

(e) any reference to a paragraph or subparagraph of this annex includes all subdivisions thereof.

4. Transparency

In the application of article Ⅲ of the agreement, each member shall ensure that relevant information on conditions affecting access to and use of public telecommunications transport networks and services is publicly available, including: tariffs and other terms and conditions of service; specifications of technical interfaces with such networks and services; information on bodies responsible for the preparation and adoption of standards affecting such access and use; conditions applying to attachment of terminal or other equipment; and notifications, registration or licensing requirements, if any.

5. Access to and use of public telecommunications transport networks and Services

(a) each member shall ensure that any service supplier of any other Member is accorded access to and use of public telecommunications transport networks and services on reasonable and non-discriminatory terms and conditions, for the supply of a service included in its Schedule. This obligation shall be applied, inter alia, through paragraphs (b) through (f) ①.

(b) each member shall ensure that service suppliers of any other Member have access to and use of any public telecommunications transport network or

---

① The term "non-discriminatory" is understood to refer to most-favoured-nation and national treatment as defined in the agreement, as well as to reflect sector-specific usage of the term to mean "terms and conditions no less favourable than those accorded to any other user of like public telecommunications transport networks or services under like circumstances".

service offered within or across the border of that member, including private leased circuits, and to this end shall ensure, subject to paragraphs (e) and (f), that such suppliers are permitted:

(i) to purchase or lease and attach terminal or other equipment which interfaces with the network and which is necessary to supply a supplier's services;

(ii) to interconnect private leased or owned circuits with public telecommunications transport networks and services or with circuits leased or owned by another service supplier;

(iii) to use operating protocols of the service supplier's choice in the supply of any service, other than as necessary to ensure the availability of telecommunications transport networks and services to the public generally.

(c) each member shall ensure that service suppliers of any other Member may use public telecommunications transport networks and services for the movement of information within and across borders, including for intra-corporate communications of such service suppliers, and for access to information contained in data bases or otherwise stored in machine-readable form in the territory of any member. Any new or amended measures of a member significantly affecting such use shall be notified and shall be subject to consultation, in accordance with relevant provisions of the agreement.

(d) notwithstanding the preceding paragraph, a member may take such measures as are necessary to ensure the security and confidentiality of messages, subject to the requirement that such measures are not applied in a manner which would constitute a means of arbitrary or unjustifiable discrimination or a disguised restriction on trade in services.

(e) each member shall ensure that no condition is imposed on access to and use of public telecommunications transport networks and services other than as necessary:

(i) to safeguard the public service responsibilities of suppliers of public telecommunications transport networks and services, in particular their ability to make their networks or services available to the public generally;

(ii) to protect the technical integrity of public telecommunications transport networks or services; or

附 录

(iii) to ensure that service suppliers of any other member do not supply services unless permitted pursuant to commitments in the member's Schedule.

(f) provided that they satisfy the criteria set out in paragraph (e), conditions for access to and use of public telecommunications transport networks and services may include:

(i) restrictions on resale or shared use of such services;

(ii) a requirement to use specified technical interfaces, including interface protocols, for inter-connection with such networks and services;

(iii) requirements, where necessary, for the inter-operability of such services and to encourage the achievement of the goals set out in paragraph 7 (a);

(iv) type approval of terminal or other equipment which interfaces with the network and technical requirements relating to the attachment of such equipment to such networks;

(v) restrictions on inter-connection of private leased or owned circuits with such networks or services or with circuits leased or owned by another service supplier; or

(vi) notification, registration and licensing.

(g) notwithstanding the preceding paragraphs of this section, a developing country member may, consistent with its level of development, place reasonable conditions on access to and use of public telecommunications transport networks and services necessary to strengthen its domestic telecommunications infrastructure and service capacity and to increase its participation in international trade in telecommunications services. Such conditions shall be specified in the member's Schedule.

6. Technical Cooperation

(a) members recognize that an efficient, advanced telecommunications infrastructure in countries, particularly developing countries, is essential to the expansion of their trade in services. to this end, members endorse and encourage the participation, to the fullest extent practicable, of developed and developing countries and their suppliers of public telecommunications transport networks and services and other entities in the development programmes of international and regional organizations, including the international telecommunication Union, the

教育服务贸易精要

united nations development programme, and the international bank for Reconstruction and Development.

(b) members shall encourage and support telecommunications cooperation among developing countries at the international, regional and sub-regional levels.

(c) in cooperation with relevant international organizations, members shall make available, where practicable, to developing countries information with respect to telecommunications services and developments in telecommunications and information technology to assist in strengthening their domestic telecommunications services sector.

(d) members shall give special consideration to opportunities for the least-developed countries to encourage foreign suppliers of telecommunications services to assist in the transfer of technology, training and other activities that support the development of their telecommunications infrastructure and expansion of their telecommunications services trade.

7. Relation to International Organizations and Agreements

(a) members recognize the importance of international standards for global compatibility and inter-operability of telecommunication networks and services and undertake to promote such standards through the work of relevant international bodies, including the International Telecommunication Union and the International Organization for Standardization.

(b) members recognize the role played by intergovernmental and non-governmental organizations and agreements in ensuring the efficient operation of domestic and global telecommunications services, in particular the International telecommunication union. members shall make appropriate arrangements, where relevant, for consultation with such organizations on matters arising from the implementation of this Annex.

Annex on Negotiations on Basic Telecommunications

1. Article II and the Annex on article II Exemptions, including the requirement to list in the annex any measure inconsistent with most-favoured-nation treatment that a member will maintain, shall enter into force for basic telecommunications only on:

(a) the implementation date to be determined under paragraph 5 of the ministerial decision on negotiations on basic telecommunications; or,

(b) should the negotiations not succeed, the date of the final report of the negotiating group on Basic telecommunications provided for in that decision.

2. Paragraph 1 shall not apply to any specific commitment on basic telecommunications which is inscribed in a member's schedule.